食福客品嘗記

楊本禮——◎著

臺灣商務印書館

萬卷書籍，有益人生
——「新萬有文庫」彙編緣起

臺灣商務印書館從二〇〇六年一月起，增加「新萬有文庫」叢書，學哲總策劃，期望經由出版萬卷有益的書籍，來豐富閱讀的人生。

「新萬有文庫」包羅萬象，舉凡文學、國學、經典、歷史、地理、藝術、科技等社會學科與自然學科的研究、譯介，都是叢書蒐羅的對象。作者群也開放給各界學有專長的人士來參與，讓喜歡充實智識、願意享受閱讀樂趣的讀者，有盡量發揮的空間。

家父王雲五先生在上海主持商務印書館編譯所時，曾經規劃出版「萬有文庫」，列入「萬有文庫」出版的圖書數以萬計，至今仍有一些圖書館蒐藏運用。「新萬有文庫」也將秉承「萬有文庫」的精神，將各類好書編入「新萬有文庫」，讓讀者開卷有益，讀來有收穫。

「新萬有文庫」出版以來，已經獲得作者、讀者的支持，我們決定更加努力，讓傳統與現代並翼而翔，讓讀者、作者、與商務印書館共臻圓滿成功。

臺灣商務印書館前董事長　　王學哲

目次

Ⅰ 飲食新浪潮

Ⅱ 老世界 —歐陸

IV 新世界—紐、澳、南非、南美

自序

《食福客品嘗記》是一本關於飲食品嘗的隨筆集。以一個食福客的三十年經驗談（最先創作時，所定的書名是：老饕中的老饕——一個食福客的三十年經驗談〔The Gourmet of Gourmets: 30 Years of An Epicurean Experiences〕），漫談美食、美酒、各地風光。把現代飲食文化的新方向——就地採用食材——納入本書之中。舉凡從雞尾酒的調製到餐飲的烹調，都是走著就地取材，新鮮為主的道路。

「食福客」（Epicurean）一詞的典故出自希臘哲學家伊比鳩魯（Epicurus, 341-270B.C）。他在自己家園中開課授徒。談講的內容上至天文，下至地理，並以美食為經、旅遊為緯，無所不談；往後，基督徒把他奉為「以道德、教養為亨樂宗旨的美食主義者」。基督教的享樂主義派也由是誕生。

老饕覺得，美食和旅遊是一種有品味的生活享受，生活的宗旨若是能把美食、美酒、美景和飲食新時尚這四大基柱全系列的實踐，有朝一日，應也能成為一個有道德

教養的享樂主義者？

玩樂容易，享樂卻十分困難；特別是處在這個知識爆炸、
天涯若比鄰的地球村裡，如何拿捏分寸，去做一個知足
常樂的食福客，不是一件容易的事。品味可以透過旅行、
閱讀慢慢累積，在行腳之前，閱讀這本書中的圖與文，
先提升自己的品味，進而去實踐快樂的人生，讓自己成
為一個懂得享樂的食福客。

特別感謝臺灣商務印書館編輯部讓這本書順利問世，也要
感謝內子嘉川和小女智媛提供精彩照片，為本書增色不
少。

I

飲食新浪潮

1

21 世紀飲食主流：有機食材當道

美國加州是美國，也可以說是世界——二次飲食革命的發源地。因為有機食材從二十一世紀頭十年年中開始，就推出有機食材到市面上銷售。不過，那個時候有機食材的價位屬高檔次很難受到一般普羅大眾的青睞；再者，加州人對有機食材的觀念還不能全部接受。記得 2007 年暑假，老饕曾到舊金山（San Francisco）一家有機食材超商購物兼觀光，一進入超商的大門，放眼一望，盡是各色各樣的有機食材，從蔬菜到水果，從海鮮到肉類，琳瑯滿目，美不勝收。不過，它們的價位也高得驚人，非一般普通收入的家庭所能接受。

可是，到了 2011 年，老饕又到舊金山探望女兒智媛，無意之中發現，出售有機食材的超商如雨後春筍般在舊金山各大小社區出現。即使是每週二次在社區擺攤的農夫市場，也都有專門攤位，出售自己農場栽培的有機蔬菜①。

① 見附圖 1–1。

附圖 1-1

加州 Concord 鎮社區
社區農夫市場（Farmer's Market）有機蔬菓的展示攤位。

食福客詞典　　加州料理飲食鼻祖

七〇年代，從加州大學柏克萊分校畢業的愛莉絲‧華特絲女士（Alice Waters）宣稱：「言論解放和性解放的同時，味蕾更應該解放！」華特絲的美味革命著重於「在地小農耕作的有機食材」。

1971 年，華特絲成立「潘尼思小館」（Chez Panisse），實現在地、當季、新鮮食材的美食觀。＊

華特絲被評為「過去三十年間，美國廚房內最具影響力的人物」；更被譽為是「加州料理」（California Cuisine）飲食鼻祖。

飲食新潮篇　003

＊ 參閱楊本禮：《從酒杯裡看世界》〈社區餐館：鄰居的寶石〉（臺灣商務印書館，2011 年）。

2011年8月間，老饕打開電視的美食頻道，無意間發現一則走馬燈的報導，說是8月15日整天在舊金山漁人碼頭開放的有機蔬果市場，有人專門講授有機食材的過去與未來，並有主廚當場面授「如何運用有機食材去烹調美味可口的健康菜肴」。這則新聞引起筆者高度興趣，於是依時前往聆聽專家們的珍貴意見。

其實，早在化學肥料之前，農人們的施肥，用的都是有機肥料。隨後，化學肥料當道，有機肥料只能在落後的國度裡看到。因為貧窮的農夫沒有錢去買昂貴的化學肥料。主講人布朗先生說，隨著環保意識的抬頭，有識之士開始注意到：過度使用化學肥料，不但有害人類的身體健康，而且化學肥料的渣滓，是破壞土地自然生態的頭號殺手。於是，布朗先生依據因果循環論的推演：回歸自然就變成一般日常生活的主流。

布朗先生說，加州為甚麼是二次飲食革命的發源地呢？因為加州有三個特殊的條件：氣候適宜，容易培植有機蔬果；加州各大學的農業科系，不斷研發有助於有機蔬果成長的專業資訊，提供給農場，以作為它們的輔助教材；加

州政府嚴格執行禁止越州進口蔬果的法令，讓加州蔬果免於細菌傳染的植物病害。布朗說，現在加州的有機食材不但是就地生根，而且也受到海外的重視，外國的專家和一般農民到加州參加的人數，直線上升。說加州是二次飲食革命的發源地，並不為過！

聽他講述之後，有興趣參觀現場菜肴烹調的聽眾，分組到各攤位參觀。在參觀之前，主辦單位把各烹調菜肴的主題分發給有興趣的聽眾選擇，老饕選了一個攤位，它的主題是：「由社區產品擺出來的最豐富的菜盒」（Make the Most of Bountiful Boxes of Community Produce）。因為主題吸引人，於是老饕隨著參觀者進入臨時搭起來的帳篷內。進去之後，大夥兒圍著烹調桌聽主廚解說。他說：「最豐富的菜盒是指擺在眾人前的盒子裡，一共有十二樣有機蔬果，分別是：各式不同的洋芋、中東黃瓜、東京蕪菁、桃子、草莓、鐘型青辣椒（不辣）、洋蔥、嫩蕃茄、鐘型黑色茄子、羅勒、甜香蕉型辣椒和夏季南瓜。」主廚介紹完畢之後，他隨即把盒子裡的蔬菜拿出來切塊，然後在爐子裡燒烤，等到有焦黃色之後，再把現成的各式有機香料洒在上面，最後，把一條全麥法國麵包切成四段，

每段分成兩半，再把燒烤好的蔬菜放在裡面，緊壓後放在大爐裡再烤一分鐘之後才拿出來讓大家品嘗。當烤好的麵包出爐之後，那種蔬菜的香味，實用讓人垂涎欲滴。主廚隨後把印好的做菜細節分送給參訪的人。最後，他說，這道蔬烤三明治最好是配法國龍河河谷出產的Cabernet Franc白葡萄酒。因為是夏天，簡單的蔬菜三明治，才是最合季節味口的營養美食。

這的確是一趟不虛此行的知性之旅。誠如布朗先生所說，二次飲食革命已開始在全球各地受到重視，台灣的有機農產品也慢慢獲得飲食者的肯定。相信不久之後，它也會成為台灣飲食的主流！

食福客詞典 　三明治

傳說，在十八世紀時的英國肯特郡村莊三明治村（意思是：滿是沙子的地方），鎮上有位約翰・蒙塔古（John Montagu），是第四代三明治伯爵（4th Earl of Sandwich），嗜賭橋牌，常常廢寢忘食，伯爵夫人為了服侍伯爵的飲食，將肉、蛋、菜夾在麵包片中，讓他拿在手上邊賭邊吃；其他賭客也學伯爵的樣子，順口便將這種快餐叫

附圖1–2　舊金山漁人碼頭（Fisherman's Wharf）的有機水果
　　　　攤位展示的水果，令人饞涎欲滴

作「三明治」，省去進餐的時間，保證賭事不間斷地進行。隨後三
明治名揚英倫三島，傳遍歐洲大陸。

據說，古羅馬亦有一種名叫「歐夫拉」的食物，和三明治相類似。

2
加拿大的特別威士忌酒

美國人一向把加拿大人當做遠房窮表弟（second poor cousin）看待。在自持「高人一等」的美國人眼底，加拿大人是甚麼都不會做的。當加拿大人也開始釀造葡萄酒的時候，美國葡萄農們笑著說：加拿大的葡萄酒，連加拿大人自己都不要喝。不過，受夠悶氣的加拿大葡萄農們，經過數十年寒暑，終於釀造出頂級的白葡萄甜酒，在世界葡萄酒市場上揚名立萬，不用受鄰居的白眼了！①

加拿大的葡萄酒已經在酒國中享有盛名，那麼加拿大的威士忌酒又如何？記得 1980 年春季，老饕應行政院新聞局之邀，與另外四名新聞同業組成美、加訪問團，主要目的是和當地媒體溝通，並上叩應節目，立時回答聽眾的問題②。訪問團的最後一站是到加拿大多倫多市，參與當地媒體的會談，並上加拿大廣播公司現場的叩應節目。

在多倫多參訪工作完畢後，當時新聞局派駐多倫多的代表羅啟，因為他是以中廣記者身

① 參閱楊本禮：《從酒杯裡看世界》（臺灣商務印書館，2011 年）。

分進入加拿大工作，看到來自國內的媒體人來訪，感到格外親熱。有一天他請我們一群人去酒吧喝酒和吃晚飯。然而，八〇年代的加拿大非常的「落伍」，酒吧裡面的雞尾酒款式不多，烈酒都是來自歐、美進口。當時加拿大人最流行的「本土雞尾酒」名叫 Seven and Seven，它是用加拿大自釀的 Seagram Seven 威士忌酒和 7 UP 混合而得名。因為加拿大自釀的威士忌酒很烈，不易入口，配上有甜味的 7 UP，味道就好多了。在多倫多訪問時，大夥兒也會利用空餘時間前往在加拿大邊境內的尼加拉瓜大瀑布觀光。不過，當時只感覺到瀑布景觀並沒有美國境內的瀑布那麼具有震撼的吸引力。但事隔四分之一世紀之後，加拿大境內的尼加拉大瀑布景觀完全改觀，震撼力尤勝美國。③

2005 年，長女智婷隨夫婿舉家遷徙到加拿大，從那年開始，老饕夫妻每年都會到多倫多觀光和探親。就個人觀察所得，走過四分之一世紀的加拿大，早已物換星移，完全和八〇年代所看到的加拿大完全不一樣。其中最讓人吃驚的是，加拿大也釀造出頂級的威士忌酒，而「古老」的 Seagram Seven 也因經營不善而轉手給日本人經營。

② 見附圖 2–1。
③ 見附圖 2–2。

2011年9月下旬間,參加一次由多倫多市LCBO(酒專賣局)主辦的加拿大自釀的威士忌酒品嘗會。主持品嘗會的丹尼斯・史奎因(Denis Sequin)對仰慕加拿大威士忌酒的「酒客」們說:今天要介紹八種不同的加拿大獨特的威士忌酒給各位品嘗;並且說,要用宏寬的角度來品嘗加拿大威士忌酒,因為它早已跳出「加拿大人不會釀造威士忌酒的陰影」。

史奎因最先介紹的是加拿大頂級威士忌酒:New Collinwood。它是加拿大最早的威士忌酒,後來因為經營不善而倒閉,十餘年前「再生」,因而加上一個「new」字。它的特色是將配方放置在楓葉木桶裡陳年發酵,成熟之後,會散發出一種加拿大特有的楓葉香味,入口時會有一種奶香的口感。

第二種加拿大威士忌酒酒名是 Crown Royal。它的特色是有一種濃郁的香味,非常順口,是一款深受加拿大人推崇備至的好酒。

附圖 2-1
1980 年 6 月在美國米爾瓦
基市接受當地電視台記者
John Wall 的現場訪問。

FORTY CREEK

它曾獲得威士忌酒首獎。當 2005 年首訪多倫多時，還
沒有喝過這種酒，2011 年才在品嘗會中第一次喝到。史
奎因說，它是用燕麥和玉蜀黍混合釀造而成。（見附圖
2-3）④

CANADIAN CLUB

史奎因說，它的註冊商標是非常順口，入口之後，還有
一種香草的味道伴隨，餘味極好。

④ 附圖 2-2：加拿大境內的尼加拉大瀑布，氣象萬千，
遠較 1980 時代宏偉，可能只增加了許多新設施，讓
參觀者可以看到它的全貌 ──作者攝於 2005 年 8 月。

附圖2-2

GIBSON'S

陳年年份有十二年的 Gibson's，其最大特色是：本身帶有柑橘屬果類的酸澀味，不過，它的另一個特色是，陳年之後，酒會自然產生出一種太妃糖、香草和甘草的混合甜味，剛好把酸澀味中和，極為好喝。

SPICEBOX

史奎因說，它是 2011 年秋天才在 LCBO 酒架上出現。它最能代表加拿大人開拓的「歷史精神」。因為它特別具有

加拿大人早年用燕麥釀成的加拿大威士忌酒傳統口感。最
獨樹一格的特色是：有香草和丁香的混合味。

CENTENNIAL

史奎因說，它是用加拿大中部大平原的麥子釀造，因為
它的口感平易，入口很順，它確實代表北方加拿大人「喝
酒愛國」的情操。

WISER'S LEGACY

史奎因說，這是他最後介紹的一款加拿大威士忌酒。他
認為這種威士忌酒最適合和碳燒排骨和牛仔牛排相配。因
為它本身具有濃烈的辣香味，因而最適合吃大塊肉的男人
喝！

食福客詞典　　威士忌歷史

威士忌（Whisky）這個字來自蘇格蘭古語，字面上的意思是生命之水（Water of
Life）。威士忌的起源已不可考，但是可以確定的是，威士忌在蘇格蘭地區的生
產已經超過了五百年的歷史，因此一般也就視蘇格蘭地區是所有威士忌的發源
地。
有關蘇格蘭威士忌最早的文字記錄是在1494年，當時的修道士約翰・柯
爾（John Cor）購買了八篩麥芽，生產出了三十五箱威士忌。所以可以肯定的是
威士忌的誕生遠遠早於1494年。
1534－1535年，來自英格蘭的新教徒幾乎毀掉了所有的修道院，那些修道士們
只能靠教人讀書寫字為生，但是，當地人對釀造威士忌的技術似乎更感興趣，
他們很快就把釀酒技巧發揚光大。那時候的威士忌主要是用來作為一種抵禦嚴
寒的藥水。

史奎因介紹完上述八種加拿大威士忌酒之後，他順便把品嘗加拿大威士忌酒五個要點告訴在場的「酒客」，以做為他們捧場的「回饋」。

第一要點

微飲而不是大口乾杯吞嚥。

第二要點

品酒時要喝大量的水，因為它可以幫助清淨味蕾所剩餘的上一杯酒的餘味，同時也可以使品酒人有充分的水化合物。

第三要點

最好有食物相配，以輕食為主。

第四要點

品酒要量力而為。

第五要點

盡量和品酒的朋友們交談，從會話中交換意見。

史奎因最後說，加拿大威士忌酒也可以調配出口感特別的雞尾酒，色、香、味都可超越「美國老大哥」，而不再使其專美於前！

加拿大曼哈頓
Canadian Manhattan

材料：三盎司加拿大威士忌酒（裸麥）、一盎司甜苦艾酒。

調製法：把以上材料放進調酒壺內，用手搖勻，倒進去矮杯內，加二、三塊冰塊（不加亦可），用一枚甜櫻桃點綴。

Manhattan 是在美國十分流行的雞尾酒，加拿大調酒師們為了要有別於美國的 Manhatan，特別選用加拿大裸麥威士忌取代美國波本威士忌（Bourbon Whiskey），因為威士忌不同，口感自然不同。

加拿大名威士忌酒
FORTY CREEK（LCBO 提供）

附圖 2-3

3
加拿大威士忌雞尾酒

美國是世界雞尾酒的發源地，也可以說是「雞尾酒王國」。他的鄰居加拿大人在酒吧喝雞尾酒時，也以美國雞尾酒馬首是瞻。酒保所調配的雞尾酒的名稱，都是來自美國的酒保手冊，加拿大酒保所調配出的雞尾酒，自然也就是「純真」的美國口味。

不過，自從進入二十一世紀之後，加拿大的酒保工會也喊出了創新的口號，他們要所屬的工會會員們，用創意打破老舊的藩籬，創造出加拿大品味的雞尾酒；因而獨特的加拿大威士忌酒，可以在二十一世紀的頭十年裡，開創出獨樹一幟的品牌。於是，加拿大的酒保們也順勢而上，運用加拿大獨特的威士忌酒，調配出自成一格的雞尾酒，讓酒國人士為之「驚豔」！

現在舉幾個實例，說明如下：

THE CLASSIC

它是用 Crown Royal Whisky 為主軸（見附圖 3–1）。

調配材料：1 又 ½ 盎司 Crown Royal Whisky、1 盎司檸檬汁、½ 盎司糖漿。

調配方式：把以上材料和碎冰塊放進雞尾酒壺內用力搖勻，濾進雞尾酒杯內，再用一片橘子和一顆義大利製甜櫻桃點綴。

CITRUS SOUR

調配材料：Forty Creek 為主要調配料。1 又 ½ 盎司 Forty Creek Barrel Select Whisky、½ 盎司檸檬汁、½ 萊姆果汁、1 盎司杏仁白蘭地酒。

調配方式：把以上材料放進調酒壺內和碎冰塊一起搖勻，濾進矮腳寬口酒杯內，加上冰塊，用檸檬皮和萊姆果片點綴。這是標準帶酸的威士忌雞尾酒。

AUTUMN SOUR

調配材料：Canadian Club Classic 為主要調配料（見附圖三）。1 又 ½ 盎司 Canadian Club Classic Whisky、1 盎司檸檬汁、¾ 盎司純楓葉糖漿、1 盎司蘋果汁（呈雲狀），

調配方式：把上述材料和冰塊一起放進調酒壺內搖勻，濾進矮的闊口酒杯內①，然後再加冰塊和一根玉桂棒點綴。

CITY LINE

調配材料：Gibson's Finest Whisky 為主要的調配料。1 ½ 盎

---

① 此種酒杯是用來威士忌酒加冰塊用的。

AUTUMN SOUR／LCBO 提供

附圖 3-1

THE CLASSIC／LCBO 提供

司 Gibson's Finest Whisky、½ 盎司檸檬汁、½ 盎司萊姆果汁、
1 盎司糖漿、1 茶匙搗碎的新鮮薑末、幾滴苦味酒。

調配方式：把以上材料和碎冰塊放進調酒壺內，用力搖
勻，濾進加冰塊矮的闊口酒杯內。

THE SAZERAC

調配材料： Canadian Club Reserve 為主要配料。1 茶匙
Lucid 苦艾烈酒、1 盎司 Canadian Club Reserve、2 滴粉紅色
調味酒、1 片檸檬皮。

調配方式：先把馬丁尼雞尾酒杯用皮諾特苦艾酒清洗，再
把酒倒掉，然後把以上材料和碎冰塊放進壺內，用力搖
勻，濾進馬丁尼酒杯內，用檸檬皮在杯口上抹勻，增加
口感。

WHISKY FIZZ

調配材料：十年陳年的 Centennial Limited Edition Rye 為主
要配料。

調配方式：2 盎司上述威士忌酒、4 盎司檸檬汁、½ 盎司
糖漿、3 ～ 5 盎司蘇打水，一起倒進有冰塊的高杯內，輕
輕的攪勻，用一塊連皮帶肉的檸檬點綴。

以上六種富有創意的加拿大威士忌雞尾酒，是當紅的加拿

大本土雞尾酒。不但獲得「愛國酒客 」喜愛，連同入境觀光旅客，也愛不釋手；這些國際觀光客中，也包括一向自視甚高的美國酒客在內。

食福客詞典　　威士忌與雪茄

邱吉爾（Winston Churchill）有句名言：「吸雪茄如同墜入愛河。」
傳聞在 1954 年，邱吉爾（Winston Churchill）以英國首相身分訪問美國時，對機艙為他準備的早餐頗有微言。他決定為自己設計一套早餐：頭盤包括水煮蛋、土司、果醬、牛油、咖啡、牛奶、凍肉。餐後食品包括柚子、鮮橙蘇打、威士忌、雪茄。
然後邱吉爾把雪茄放在威士忌裡面稍微浸一下，然後點燃，品味其中萬千滋味。

到美國新英倫各州遊玩①，最好是選在美國勞工節到感恩節（每年11月第四個星期四）這段期間，因為那正是秋高氣爽又兼蘋果成熟待採的好日子。談到蘋果，就讓人想起風行美國東部各州的蘋果西打——它不是汽水，而是有輕度酒精含量的美味飲料。

老饕過去幾年，每逢夏末秋初都會到加國多倫多城小住。碰上蘋果收成的日子，老饕夫妻便隨大女兒全家去蘋果園採蘋果②，順路在蘋果園的酒莊品嘗剛釀好的蘋果西打（Apple Cider）。蘋果西打是不講究陳年年份的，釀好裝瓶即可飲用，冷飲尤佳。

2011年10月中，老饕在多倫多城參加一次別開生面的蘋果西打品嘗會。每位參飲者只需付二十元加幣，就可以到由LCBO主辦的說明會，嘗試各式不同的蘋果西打。那天最讓人感到興趣的是一位來自美國佛蒙特州（Vermont）的皮特・布朗（Pete Brown）先

①美國東北部六州總稱。
②參見圖片4-1。

生；他在品酒會上以「蘋果西打的滄桑」（The Decline And Fall of Apple Cider in New England）為主題，向酒客們講述蘋果西打的過去、未來的展望。

布朗是美國新英倫各州推廣蘋果西打聯盟的代表，他每年都要到美、加各大城推銷美味的蘋果西打，除此之外，還要鼓勵外人前往觀光，體會新英倫各州的秋景和品嘗蘋果西打。

布朗說，蘋果西打是「美國人飲料」。早在美國向西部移民的時代，美國傳奇英雄戴夫‧克羅凱特（Dave Crockett）、丹尼爾‧彭因（Daniel Boone）和尊尼‧艾普西德（Johnny Appleseed）就曾在阿帕拉契山脈一帶（Appalachian Mts）種植專門釀造蘋果西打的蘋果樹，主要目的是釀造含有少許酒精成分的「飲料」給移民們「解渴」。依據美國傳奇的說法，這是當年美國的國家飲料。隨著美國移民的西進，蘋果西打也就由東部傳到中西部。日後在中西部的農業州，只要有蘋果園的地方，就有蘋果西打在市場上出售。他說，加拿大安大略省也有蘋果西打，它是不是由美國傳入，就不得而知了。

當美國進入二十世紀二〇年代時，瘋狂的禁酒運動有如燎原野火，燒遍美東和中西部各州。蘋果西打因含有酒精成分，也就成為禁酒瘋狂份子的攻擊目標，所有蘋果園內的樹木，在無情火把和利斧的雙重攻擊下，被摧殘得面目全非，蘋果西打也就在市面上絕跡！

禁酒運動的野火，來得快，去得也快。當美國三〇年代的經濟蕭條時代結束後，美國啤酒和威士忌酒在合法的經營執照下，重新恢復舊觀，而且有過之而無不及。蘋果西打也自然而然「再生」(rebirth)！

布朗說，從二十世紀八〇年代開始，蘋果西打的釀造技術突飛猛進，以紐約州和新英倫六州而言，大大小小的蘋果西打釀造比比皆是。大者如上市的釀酒公司，小者如家庭果園的釀酒小廠，都設有試飲的場所，歡迎外來觀光客前來品嘗。布朗還提到，很多紐約市有名的餐廳，都會把名廠蘋果西打印在酒牌上，提供給輕飲的酒客小酌。葡萄酒有葡萄種植帶，蘋果西打也有；從最東部連接美國東北部新英倫六州，都可以說是優質的蘋果出產地帶，也因而釀造出極品的蘋果西打。品酒會最後，賓客

們品嘗美國蘋果西打和加拿大蘋果西打。在老饕的認知裡，它們都是非常「順口」的好喝飲料③，再者，老饕慣有的味蕾裡，沒有蘋果西打的因子，因而分辨不出優劣，卻覺得用蘋果西打配食火腿或煙燻三文魚，應是一種最好的搭配。

布朗最後建議，遊客們在仲秋時分造訪新英倫各州時，最好不要住進大旅館，而是要選擇鄉村的民宿。因為每到黃昏的時候，可以坐在民宿外門前的木造玄關上，一面品嘗蘋果西打，一面觀賞落日秋雲的美、聆聽有節奏的蟋蟀振翼和鳴，是一種享受！④

不妨在秋高氣爽時，造訪新英倫的蘋果西打區，親身體會一下時節的美景，以印證一下布朗所言是否有誇大之嫌！

③ 因為它們只含百分之五的酒精，故稱之為飲料。

④ 筆者在美求學時，曾在波斯頓附近的鄉村

附圖4-1：加拿大的蘋果可以釀造出頂級蘋果西打酒

食福客詞典　　美國傳奇英雄

戴夫 · 克羅凱特（Dave Crockett, 1786-1836）。
親身經歷過印第安人戰爭，曾當選田納西州眾議員，後因參與德克
薩斯獨立運動中的阿拉莫戰役而戰死。

民宿住過，那時正值秋天，親身體會到
的秋色，和布朗所說，幾無二至。所不
同的是，筆者當時喝的是威士忌酒加蘇打
水，而不是蘋果西打！

5

一切從當地食材開始

在過去幾年來，只要是到美國、加拿大兩地和長女及次女團聚，閒來無事，總要收看兩國電視的「美食頻道」節目。2011 年最大的發現是：主持人都在講求「用當地新鮮食材，作為烹調的佐料」。

有一日，加拿大主廚諾曼德‧拉普瑞斯（Normand Laprise）在他的節目中談道：不久前，他曾到丹麥哥本哈根出席一次「食材論壇」，主題是：「使用當地新鮮種植的食材」。拉普瑞斯認為，這將是今後美食的新時尚；因為人們的生活周邊多的是自然美景和道地食材，問題在於人們不懂得去發掘它們。

拉普瑞斯提醒他的觀眾，因為加拿大靠北，由於氣候的關係，當人們在使用當地食材的時候，時令最為重要。因此，當適合的時令到來，人們就要好好品嘗合乎季節的食材，而不要捨本逐末，去花高價買一些外來食材，

烹調一些不合就地取材原則的食物。

拉普瑞斯在節目中談到，法國名廚米契爾‧巴拉斯（Michel Bras）也出席了論壇。巴拉斯是使用道地食材烹調的前驅，而且也是當地食材烹調藝術化的佼佼者。巴拉斯在上個世紀八〇年代，創出一道名菜，叫做 gargouillou de jeunes légumes（法文），意思是說：半開胃前菜，半沙拉。由於它的切割和擺設藝術呈現多樣化，因而獲得飲食界的推崇、一般大眾的歡迎。拉普瑞斯用詮釋性的口吻向觀眾解說這道名菜的內容，都是用當地普通食材如：蘋果、桃子、黃甜菜（beet）、紅甜菜、磨菇、茴香（fennel）、青花菜、蘿蔔、紅蘿蔔、青（或黃）豆、夏季南瓜（zucchini）、黃瓜、黃瓜花、莓子類果實（草莓、藍莓或覆盆子〔raspberries〕）等。拉普瑞斯說，有些食材需要精細的刀功，有些果實需視季節而定，不管如何，能夠像巴拉斯一樣，用創意的思維，把大家都知道的普通食材擺設得像藝術品一樣呈現出來，的確是一種美食的傑作；用大師之名譽之，並不為過！

其實在美國加州，早已使用當地食材作為烹調的主要佐

料，且行之有年。餐館不僅如此，酒吧也是一樣。有創意的酒保，他們所用的雞尾酒配料，都著重取用符合當地時令的新鮮食材。以往用罐頭櫻桃作點綴，現在改用新鮮櫻桃；以往是用罐頭鳳梨，現在則改用新鮮鳳梨；以往所用的橘子汁，都是現有的製成品，現在則改用新鮮橘子搾汁取代。凡此種種，在在說明美國的飲食界已慢慢朝向取之當地，用之當地的路徑。

美國的飲食界為甚麼開風氣之先，使用新鮮的當地食材來影響一般人，從而改變他們的飲食習慣呢？因為加工食品和速食讓人類付出了醫治癡肥（obesity）的慘痛代價。根據哈佛醫療報告（2010 年 9 月）的一項數據顯示，美國每四個人中，其中就有一人是超重的（癡肥）。如果人們不能從飲食方面著手，往後的醫療成本將會拖垮每一個國家的健保制度。

據小女告知，她們從 2011 年 8 月開始，每三個星期就從當地社區的農場購買有機新鮮蔬果，農場有專人遞送。她說，這可能會是日後美國人日常生活的一部分。同時，美國許多著名餐館，也朝著一切使用當地新鮮食材這條道

路前進，不僅如此，也會變成主流。

從哥本哈根「食材論壇」所得到的論證來看，採用當地新鮮食材作為烹調的佐料，今後必將蔚為風潮，成為全球餐飲業的主流。這又何嘗不是人類飲食文化，一次由奢入儉和反璞歸真的「寧靜革命」呢？①

食福客詞典　飲食界地位崇高的法國廚神

法國廚神米契爾‧巴拉斯（Michel Bras）獲選為全球十大最具影響力的名廚之一。1999 年，巴拉斯獲得米其林三星殊榮，也研發出無數哲學與藝術風采兼具的美味佳餚，名聲從此享譽國際。

巴拉斯大學時期主修科學，走上廚藝之路，是因為有次母親病倒，他趕回家中開設的旅館幫忙，才接觸烹飪，沒想到竟因此挖掘出他的天賦：他不僅能快速掌握烹飪奧祕，還能根據物理特性，將每項食材自創出一套處理方式。例如他最富盛名的「溫沙拉」（Gargouillou），以超過三十多種蔬菜和香草製成，烹煮手續講究且複雜，滋味長駐舌尖。

米契爾‧巴拉斯創造的「岩漿巧克力蛋糕」（Chocolate Coulant）在巧克力蛋糕中夾有暖滋滋的巧克力溶漿，馳名世界，巴拉斯並享有專利權。

電影《米其林廚神：美味的傳承》（*Entre les Bras-La cuisine en héritage*），由這位法國廚神親身演出，細膩傳達出令人感動的美味饗宴與料理人生。

① 最近很多地方的大餐館都禁止魚翅宴上桌，
加州州議會甚至在 2011 年 8 月通過禁止出售魚翅
的法令，在在證明寧靜革命已在進行中！

米其林指南
Le Guide Michelin

美食聖經紅皮書起源

創辦人之一安德烈先生在印數為三萬五千的小冊子序言中寫道：「此書是在新世紀初次出版，它一定能與世紀共存！」

法國輪胎製造商米其林公司所出版的美食、旅遊指南書籍。

1900 年，巴黎萬國博覽會期間，米其林公司創辦人米其林兄弟預見汽車旅行興盛的遠景；汽車旅遊能提升輪胎的銷量。於是將地圖、加油站、旅館、汽車維修廠等等有助於汽車旅行的資訊集結起來，出版了隨身手冊大小的《米其林指南》一書，免費提供給客戶索取。

1920 年，米其林兄弟發現費心製作的《米其林指南》被維修廠員工當作工作台的桌腳補墊來使用，因而意識到免費的書籍會被人視為沒有價值的東西，所以決定取消免費提供，改為販售。

紅色指南（指紅色書皮的《米其林指南》）：評鑑餐廳和旅館。

綠色指南（指綠色書皮的《米其林指南》）：內容為旅遊的行程規劃、景點推薦、道路導引等。

餐廳介紹

各種評鑑符號
地址、電話
主廚姓名
基本消費
兩種當地著名的葡萄酒
三種招牌菜
每年餐廳休館時間
接受信用卡的種類

✎ 　　叉匙符號

5 個叉匙 | Luxury in the traditional style

4 個叉匙 | Top class comfort

3 個叉匙 | Very comfortable

2 個叉匙 | Comfortable

1 個叉匙 | Quite comfortable

2 　　　　人頭符號

推薦的道地小館 Bib Gourmand（Bib 就是輪胎人的名字 Bibendum），提供不錯的食物和適當的價格（Good food at moderate price. Under 25 € outside Paris, Under 33 € in Paris）。

3 　　　　兩個銅板

稱為 piecettes，就是小硬幣之意，有此一標誌，表示該餐廳提供不超過 16 歐元，約折合新台幣640 元的簡單餐飲（Establishment offering a simple menu for under 16 €.）。

如果餐廳的環境特別令人感到愉悅悠閒（particularly pleasant establishments），前面的叉匙標誌就會用紅色來替代一般的黑色。

摘星的餐廳評鑑

1926 年，將評價優良的旅館以星號標示。派出的評鑑員喬裝成顧客，四處暗訪，觀察店家的真實面，建立其評鑑權威。

★一顆星

剛巧經過餐廳，值得停車一嘗的好餐廳。

★★兩顆星

一流的廚藝，提供極佳的食物和美酒，值得繞道前往，但所費不貲。

★★★三顆星

完美而登峰造極的廚藝，值得專程前往，可以享用手藝超絕的美食、精選的上佳佐餐酒、零缺點的服務和極雅緻的用餐環境，但是要花費一大筆金錢。

三顆星的榮耀

三顆星不但象徵「絕對完美的美食」，更指「不會犯任何錯誤的主廚或餐廳」。關於降級最著名的一個故事就是名廚 Alain Zick 因他的餐廳從三星降為二星而自殺。

6

古老磨坊翻新為
餐館

約在三、五年前，每逢小女智媛開車載二老
訪問那拔河谷酒莊時，雖然經過那拔城（Napa
City），但她總是過門不入。老饕好奇問她，
何不進城繞一趟，至少，它算是那拔河谷流
域中最大的城市。她說，城已經沒落，目前
還在整治中，等到整治工程完成時，再去參
訪和品嘗美酒、美食。

2011年8月下旬，她說要載老饕夫妻前往那
拔城，因為整個城都已再生（rebirth），而且
那裡有一家由陳舊古老磨坊翻修的餐廳，值
得前往嘗鮮。

那拔城在舊金山以北約五十英哩處，它位在
那拔河中央。早在十九世紀的五〇年代，那
拔城因佔有河川之利，從舊金山溯江而上的
商旅客人，都以那拔城為中繼站，商機把整
個城活化起來。可是，在過去一百五十年間，
那拔河並沒有好好整治過，河床的淤泥，阻
礙了航運，四通八達的公路，也搶走了航運

商機，二十世紀九〇年代的幾次大水，淹沒了整個那拔城，水災，也變成壓垮那拔城商機的最後一根稻草。從二十一世紀開始，再造那拔城的呼聲響徹雲霄。那拔河谷的酒商和觀光業者結合在一起，透過州政府的協助，整治那拔河的工程於是展開，而那拔城內的一些老建築，基於保存古蹟的理由，不但沒有拆掉，外牆整修還保持原貌，只是內部裝潢則以時尚為主。

那天智媛的車子開進那拔城的時候，放眼一看，整齊的樹木和路旁盛開的鮮花，吸引住老饕的目光，街道可以說是一塵不染，清新悅目。車子停好之後，我們三人順道走向餐廳。餐廳名叫 Celadon①，它設在改建後的磨坊之內②。該磨坊建於 1904 年，距離現在已有百年以上歷史，

附圖6-1
1904 年建造的磨坊，現已改為旅館和餐廳，但外表還保持原樣。

① 法文，意思是指灰綠色。
② 見附圖6-1。

說是古蹟，並不為過。磨坊的外觀，還是保持原樣，只是裡面的結構已分成三部分。面街的是旅館和商店，後進則是餐廳和表演場。

Celadon Restaurant 是設在後進的花園內，裡面的裝璜陳設非常簡單，色調和原名相符。一進餐廳之後，有一座擺設讓老饕吃驚。它是一隻馬，下面刻有「馬到成功」四個字③。坐定之後，老饕忍不住問領班，怎麼會有這座中國雕塑？他說，餐館成立時，有一位中國老先生把這座雕塑送給老闆，預祝他「馬到成功」。這位老先生並沒有說他是誰，老闆聽他的解釋之後，因有吉祥鼓勵之意，於是把它收下，展示在餐廳中央。說也奇怪，餐廳的生意也就扶搖直上。但是他說，那位老先生再也沒有來過！

Celadon Restaurants 以法國餐為主，但也有東西方交流菜式（fusion），其中最驚豔的一款是炸五花肉配西瓜④ 餐廳主廚 Marcos Uribe 親自到我們桌前解說這道菜的來源，它先是在紐約市一些新潮餐廳流行起來。因為他曾在紐約市品嘗過這道菜，色、香、味俱佳，經同意而引進到自己的餐廳。這款菜式廣受吃客的歡迎。Uribe 說，這道菜最

③ 見附圖6-2。
④ 見附圖6-3。

附圖6-2：馬到成功雕塑

難的地方是，要把五花肉炸成焦黃色，不但要保持外表的脆度，而肉裡面的油要保持適度圓潤，才不會有乾硬的感覺。一切完成之後，再搭配切塊的西瓜、佐料，用新鮮的香料點綴。整盤端出來的時候，要讓顧客有色、香、味俱佳的感受。他講完之後，炸五花肉配西瓜的美味菜肴也端上桌面。吃完之後，筆者覺得這道菜款真是「天上人間」的絕配！

附圖6-3：天上人間的絕配──炸五花肉配西瓜

午餐之後，老少三人就開車前往那拔河谷的酒莊參觀和
品酒。離開餐廳時，餐廳公關對老饕說：「那拔河整治完
成之後，它已不再是那拔城的負數，而是那拔城的資產。
一切都在改變中！」

約在十幾年前，愛好法國美食的美國饕客們，都會用悲觀的口吻說：法國美食是否已經在美國餐館中消失？饕客會問：法國美食消失的原因是否：太正式？太過守舊？太過吹毛求疵？或者是美國人自己的美食已經凌駕法國美食之上？或許是美國人已經釀造出極品的紅、白葡萄酒，它們都適合和美國美食相配，因而不需要昂貴的法國餐館了！

這一連串的悲觀疑問，隨著時序進入二十一世紀之後，各種疑問都獲得了解答。因為老世界（指法國）的美食，重新端在新世界（指美國）的餐桌上（ Old World Food On the New World Table.）。

美國美食記者夏威・史提曼（ Harvey Steiman）曾在美國食頻道上說：「人們所提到的疑問，都是指老一套的法國美食，譬如說，太過營養、太過專注祕傳手法和過於昂貴等等，但是，這些說法早已在法國消失。當今法國流

行的美食是專注於新鮮材料和本土食材，再者，目前在法國的餐館，已不太正視『正式』的重要性了。」法國輕食道當，正好也迎合了美國時尚潮流。

2011 年 8 月 25 日，智媛帶老饕夫妻造訪舊金山一家法國餐廳 Fleur de Lys。這家餐廳的主廚名叫胡伯特·凱勒（Hubert Keller）。他是土生土長的法國人。不過，自 1982 年以來，他就在舊金山開了這家餐廳，他來的時候，尚是二十七歲的小伙子，現在已五十七歲了。三十年的歲月，讓他成為一個懂得美國人的胃口而又堅持法國烹調原則的「烹調大師」。

那天在吃飯前時，凱勒剛好走出來和客人寒暄，於是老饕抓住機會和他做了一次很有意思的交談。首先，老饕跟他表明身分，說自己是一個在台灣寫美食、美酒的自由作家，目前正計畫寫一本名叫「老饕中的老饕」（Gourmet of Gourmets）的書，因此，想請教他一點有關法國美食餐飲業在美國經營的經驗。

凱勒聽了老饕的自我介紹之後，立刻表示很願意繼續交

談。他說剛來舊金山開餐館時，還要不時向外購買必須的食材，幾年之後，他發現他所需要的食材，都可以在當地市場上買到。於是，他體認到，整個食材的體系，已開始在改變。

凱勒說，有些法國餐廳為了迎合灣區顧客的品味，常常以「合璧」的方式推出菜肴，譬如說法國菜和泰國菜混合烹調以迎合某些族群的口味，但是他對堅持法國傳統烹調的原則是絕對不容妥協的。他說，一但法國烹調失去了它的獨特性，也就失去了市場！

不過，有些地方是可以調適的。譬如說，菜單用英文而不用法文，男侍者不用再穿晚禮服。他是第一家聘用女侍者的法國餐廳。凱勒認為，讓顧客進來之後，會有一種舒適感，應是邁向成功的第一步。他說：「一個顧客怎麼會感到舒適，如果你菜單用的是法文，而顧客們看到之後，根本不懂它們是甚麼意思！」

凱勒說，目前加州的飲食時尚是少吃肉，多吃蔬菜，因此，為了配合潮流，他推出了素食菜譜。他很引以為傲

的說，Fleur de Lys 是全美同一等級的法國餐廳中，第一家推出素食菜譜的餐廳。①

凱勒說，目前有十一位（包括他在內）來自法國的名廚，分散在美國各大城，由東到西，經營法國餐飲業，而且各別有成。他說，如果你去紐約的話，千萬不要忘記去 La Grenouille 法國餐廳，品嘗法國美食。他笑著說，La Grenouille 餐廳的服務生，還是要穿禮服而沒有女侍者。

| 食福客詞典 | 美食大師・太陽王路易十四 |

路易十四曾說：「朕即國家。」感官越愉悅，帶來的快樂越大。法國人除了講究食物的色香味，還特別追求用餐時的情調。

路易十四時代的凡爾賽宮盛宴極為講究，路易十四為了滿足自己豐富的味蕾，還特別舉辦「泉藍帶獎」（全國廚師烹飪大賽，保存至今）。

路易十四的盛宴飲食極有專業知識，例如，有些客人享用「皇后湯」，有些客人則品嘗比斯克醬蝦湯；不同的湯搭配不同的餡料。

路易十四愛喝湯，他的一位御廚路易斯・古伊曾在《湯譜》中寫道：「餐桌上是離不開湯的，菜肴再多，沒有湯猶如餐桌上沒有女主人。」

而以朱古力（Chocolate）作為愛情信物的時尚風潮，是路易十四的貢獻；路易十四和西班牙公主戀愛時，嗜吃朱古力的西班牙公主把朱古力作為愛情信物交給美食大師路易十四，這位法國饕餮之王欣然接納。

① 參看附圖7–1。

附圖 7–1：
法國餐廳 Fluer de Lys
推出的素食餐點磨菇
quiche 配新鮮蔬莖類蔬
菜。

8
就地食材當道

過去兩年來，老饕夫妻在加州智媛家小住的時候，她都會帶我們去吃一些講究就地取材和當令蔬果的美食餐廳，品嘗一些新潮美食。

2011 年 8 月 8 日，正好是台灣俗稱的父親節，剛好也是智媛的生日。於是，女婿舜希帶老饕夫妻和智媛前去一家名叫 Plum 的時尚餐館，讓老饕留下深刻的印象。這家餐廳不大，裡面的裝璜既「酷」又時尚。所有的陳設桌椅都是黑色的，服務人員也是一律的黑色制服，只有兩面牆上排滿了一顆顆梅子圖案。

開放式的廚房幾乎占了餐廳一半的空間。客人用餐時，可以清楚觀賞廚師們忙碌地燒烤和擺盤飾的景象。服務人員的態度，總是笑容可掬、溫文儒雅。因為空間有限，餐桌多半是張張相連，座椅是一張張木凳子，像個方盒子，下面可以擺放客人的手提包，設想的十分周到。因為餐廳名氣響亮，客人特別多，所以，顧客們都是事先訂位，如果顧客

超過訂位時間十五分鐘而還沒有出現的話，座位就不會保留。我們去的那天，因為碰到交通阻塞，小女在時間快到時，還須特別打電話給櫃檯，解說因交通擁擠才會遲到，請櫃檯領班保留座位。她說，如果不通知的話，預訂的座位就會讓給別人了。

Plum 標榜使用有機食品，它甚至還有自家的菜圃，每天清晨，主廚們要親自到菜圃摘取當天所需要的食材，保證品質絕對新鮮。廚台上擺設著幾盆有機的香草和小朵的食用香花，廚師們在出菜前會隨手摘些香草和花朵做盤飾和佐料，讓人吃得既安心又美味。

老饕點酒的時候發現，酒單上多數的酒都是那拔河谷名酒廠的好酒。外來酒如法國酒和義大利酒並不多見。反倒是阿根廷和智利的紅、白葡萄酒卻較法、義兩國的葡萄酒為多。Plum 收藏不少美國頂級葡萄酒，其中最讓老饕驚訝的是，Carneros 酒廠的紅、白葡萄酒赫然列在酒單上。

Carneros 是一間小酒廠，它夾駐在那拔和蘇奴瑪兩大葡萄酒區中間，終年處在涼爽的雲霧中，因為特殊的環境，

讓葡萄園莊主栽種出頂級葡萄。Carneros 每年釀造出的極品夏多妮白葡萄酒和皮諾特‧奴娃紅葡萄酒，廣受酒客們喜愛。那天晚上，老饕點了一瓶 2006 年份的極品皮諾特‧奴娃紅葡萄酒，因為舜希要開車，不宜多喝，老饕自己多點了一杯 2005 年份的夏多妮白葡萄酒酒。老饕的味蕾感覺到，夏多妮白葡萄酒入口時的順暢清香，是近年來在美國喝得最好的一次。

老饕發現，Plum 的菜單，式樣繁多，但每一道菜都是小盤，它已改變以往美國餐館以量取勝的經營方式。想來小盤菜是要顧客有「小吃多滋味的口感」，每一樣菜款都可淺嘗即止。

Plum 餐廳的主廚之一尚‧亞當（Jean‧Adam）利用空檔時間走出來和顧客們話家常。他看到我們四個東方人，於是駐足留下，和我們打招呼。隨後他看到我們餐桌上放了一瓶 Carneros 酒廠釀造的皮諾特‧奴娃紅葡萄酒。他的眼睛為之一亮，並用半開玩笑的口吻說，在他的認知裡，東方人都喜愛喝烈酒，而且有乾杯的嗜好，你們怎麼和他們不一樣，而且喝的是頂級紅葡萄酒？話匣子打開之後，

他才了解到老饕曾經寫過好幾本有關美酒、美食的書。於是他恍然大悟。離開前他說，有機會一定要去 Carneros 酒廠「膜拜」；那裡雲霧深鎖的朦朧美景和葡萄蔓果實散發出來的清香，都會讓人留連忘返。

據智媛事前告知，餐廳大廚走出廚房來和顧客們博感情，已是加州著名餐館的時尚，而且還會朝著這個方向前進。她相信不久的將來，這種和顧客拉進距離的寒暄方式，將會成為美國餐飲的時尚主流。

餐廳名稱	Plum 餐廳
地址	2214 Broadway, Oakland CA
電話	(510)444－7586/2214
網址	www. plumoakland.com/food-drink/dinner

9

球聖・葡萄酒
收藏家

美國高爾夫球大佬——阿諾・派瑪

你可知道美國高爾夫球傳奇球星阿諾・派瑪（Arnold Palmer）①是愛酒成痴的葡萄酒收藏家嗎？他有一次接受美國葡萄酒月刊的記者訪問時說：「在我的記憶中，我這一生有許多值得回味的事，但是最難忘的莫過於忙碌一天之餘，在晚餐時好好品嘗幾杯紅酒，那是最美好的事，也是最難忘的事情了！」對愛好高球的朋友來說，你可曾分享過阿諾・派瑪的經驗嗎？

一般高球朋友都以為，十八洞完結了之後，坐在俱樂部平台上喝幾杯啤酒，是最享受不過的事；其實，十八洞結束之後喝啤酒並不是一件健康的事。派瑪曾經說過，他有一次在法國參加完比賽之後，和他的前妻②要他的專屬司機驅車前往熟悉的巴黎酒莊，購買幾瓶好酒，現買現喝，那才是最好的享受。

二十世紀五〇年代，阿諾剛出道，以精湛的

①阿諾・派瑪（Arnold Palmer, 1929–），五〇年代在美國廣為人知的高爾夫球星，高超球技和極具魅力的風度，為他贏得了「國王」的

球技而震驚高球界。當時的美國總統艾森豪威爾（Dwight
D. Eisenhower）將軍也是一個愛小白球成痴的業餘高球好
手，兩人因高爾夫球而相交莫逆，也因而結成忘年之交。
時至今日，阿諾之受人景仰、受人尊重，除了球技之外，
他的人品和道德操守，也是最重要的原因。他和艾森豪
威爾總統漫步在綠草如茵的球道上，或兩人同乘一輛高球
車，但阿諾從來沒有因總統的親密關係而有所逾越，因而
贏得艾森豪威爾總統徹底的敬重。時至今日，在阿諾老
家大廳裡還懸掛著一幅田園山水的油畫，油畫的下方簽了
三個字縮寫字母：「DDE」。識貨的人一看就知道，這是
出自艾森豪威爾總統的親筆畫，而 DDE 正是 Dwight David
Eisenhower 的縮寫。如果艾帥不敬重派瑪的人品，會親自
送畫給他嗎？

阿諾常說，他酒窖裡面所收藏的好酒，有很多都是好友送
給他的。特別是每年當他奪冠一次，就會有不少陳年好
酒進入地窖，在眾多好酒中，他對法國派瑪酒莊（Chateau
Palmer）的紅葡萄酒最為喜愛，它不但和他的名字相同，
同時也是波都酒區的頂級葡萄酒。

阿 諾 有 一 位 葡 萄 酒 知 己 馬 克 ・ 麥 可 邁 克（ Mark

封號，並被冠稱為「高爾夫三巨頭」
之一。派瑪擁有一群球迷的支持，
人稱為「阿諾軍團」（Arnie's Army）。
② 已去世。

Mccormack），也曾送他一瓶1947年份的派瑪紅葡萄酒，以作為高中畢業十年的紀念。他曾經一再表示，想找一天和馬克兩人一同享受這瓶特級紅葡萄酒，但因為機緣不對，一直找不到時間來實現這個願望。對阿諾來說，這個願望將永遠不會實現，因為馬克已於2003年5月撒手人寰。

阿諾有一次接受記者訪問，並帶著記者參觀他的酒窖。一進酒窖，他雙眼又展現出圓潤的光芒。他拿了一瓶1964年的馬葛酒莊（Chateau Margaux）紅酒對記者說，如果能把酒窖裡的酒整理起來，將是一件極有意思的事，只可惜時間不夠。早在二十世紀末，阿諾就想把酒窖內的酒編成目錄，公諸同好，不過「征戰連年」，總讓他定不下心來整理酒錄。

大家都知道阿諾對變革高爾夫球場及設計高爾夫球衣有獨到之處。但是，他也是一個投資酒莊的老手。1992年，他的老友邁克・摩尼（Mike Moone）在加州那拔河谷投資擴建璐那酒廠（Luna Winery）。有一天，阿諾打完球之後，特別繞道前往璐那酒廠參觀，邁克問阿諾，有沒有興趣投

資？阿諾問需要多少投資才能入股？邁克說：「兩萬五千美元即可！」阿諾笑著說：「這個數目我還能夠負擔！」於是阿諾入股酒莊。十餘年後的今日，璐那酒莊出產由阿諾·派瑪簽名的頂級紅葡萄酒銷路暢旺。對小白球和葡萄酒喜愛的饕客而言，若有機會去觀光，可到那拔河谷買幾瓶阿諾·派瑪頂級紅葡萄酒，存放在自己的酒窖裡，作為鎮庫之用。

談到酒，必然提到吃的部份。阿諾投資酒莊成功之後，很多友人都向他建議，何不投資開餐廳，不過，阿諾並沒有動心。最後，阿諾的好友大衛·查普曼（David Chapman）說服了阿諾，2003 年 10 月，以阿諾為名的餐館終於在加州拉·昆達城誕生。餐館就設在他設計的高爾夫球附近。

阿諾餐廳最大的特色是，有四間特別的包廂，分別是以「美國名人賽」、「英國公開賽」、「美國公開賽」和以他的家族為名。前三個當然是以他得過的冠軍為名稱作為紀念。餐廳的另外一個特色是，後園設有一塊八千平方尺大的果嶺練習場，讓客人在品酒、品食之餘，還有機

會到後院果嶺上練習推桿。查普曼有一次對記者說:「擇善固執是阿諾最大的長處。他應該是當今世界上最受人褒揚的十名頂尖人物之一!」

2004 年 6 月 23 日,他接到白宮的請帖,出席小布希總統頒發自由勳章的正式晚宴。對阿諾而言,自艾森豪威爾總統以後,他已經出席為數不少的白宮晚宴,但總統晚宴上的美酒,卻永雋不能忘!

阿諾的一生多彩多姿。不過,他在訪問結束時卻對記者說,如果沒有葡萄酒的洗禮,他的一生可能就會有些什麼欠缺不全。③

③ 取材自 2004 年 9 月份 Wine Spectator。
高爾夫球另一傳奇人物「金熊」傑克・尼克拉斯(Jack Nicklaus),也踏著阿諾的腳步,在加州那拔河谷設葡萄園釀酒,闖出了名號,並於 2007 年榮獲金牌獎。

老饕嗜食朱古力，特別是偏好帶濃厚苦味的黑朱古力，這可能是來自先母的遺傳。記得小時候在香港，有一次隨先母到一家朱古力店買朱古力。先母指著一塊塊的黑朱古力問店家，這些黑朱古力苦不苦，店家回答說：「不苦，甜得很。」於是先母就不買了，因為她要吃苦黑朱古力。後來舉家遷台。住在海外的親朋好友都知道先母愛吃黑朱古力，每逢他們從海外來訪時，送給先母最好的伴手禮就是黑朱古力。老饕吃苦黑朱古力的味蕾，從小時就開始培養起來。

智媛知道老饕嗜食黑朱古力，於是，每去舊金山時，她都會買一些黑朱古力孝敬老饕。2011 年間，智媛帶老饕夫妻到舊金山聯合廣場（Union Square）一間專售歐洲進口的朱古力店參觀，和添購一些精緻的黑朱古力。我們到達的時候，剛好遇到一位來自西班牙巴薩隆那朱古力製造商奧里奧爾・巴拉谷耳（Oriol Balaguer）在店裡介紹西班牙朱古力。在老饕

的認知裡，比利時應該是歐洲一等一的朱古力王國，西班牙怎麼會有質醇的朱古力呢？於是便駐足聆聽。長達三十分鐘的介紹完畢之後，老饕猛然體會到一句古話：「聽君一席話，勝讀十年書」。

巴拉谷耳說：「西班牙的飲食文化已在世界上取得一席重要地位。不過，更重要的是，從歷史上來看，西班牙是把可可（cacao）和歐洲連在一起的國家。」巴拉谷耳表示，朱古力是否源自中美洲目前尚難論定，不過西班牙征服者霍男・柯提士（Hernan Cortes）十六世紀到墨西哥的時候，他發現蒙提蘇瑪國王的宮廷宴裡，卻是用可可粉調配成奢華的飲料。柯蒂士打敗 Aztescs 之後，帶著無數的奇珍異品返回西班牙，其中最珍貴的物品之一，莫過於把可可引進西班牙；當時西班牙國王視可可為珍藏品，並列為管制，不許攜出國外。直到 1660 年西班牙公主瑪麗亞・特麗莎嫁給法國路易十四國王，她的嫁粧之一，即是把可可帶到法國。

巴拉谷耳用遺憾的口吻說，時至今日，朱古力何以和西班牙沾不上一點關係呢？其中最大原因之一是西班牙人慣於

把可可當成飲料喝。而在世界其它各地，透過科技和創意，把朱古力調製成糖果出售，西班牙還留在原地踏步。

巴拉谷耳對聽眾們說，義大利和法國在傳統上最講究品質，西班牙雖然也有品管，但西班牙最大的缺點是：沒有市場行銷的機制。

黑朱古力對人體健康也很有好處。因為它含有resveratrol原素，就如同紅葡萄酒含有 polyphenol 原素一樣，對人體的心臟健康有很大的益助。而每天吃五十公克的黑朱古力，降低心臟血管疾病罹患率大約有百分之十點五左右。巴拉谷耳表示，這種說法是根據約翰普金斯大學載安・貝克博士所著的研究報告而得來的結論。

一般人認為，西班牙的朱古力過甜，但是他認為並非如此。同時，巴薩隆那有不少朱古力製造商的產品都在改進，要讓西班牙朱古力像藝術結晶般進軍到國際市場。再者，年輕一代的朱古力製造商紛紛在巴薩隆那出現，為古老的市場注進新血。這些朱古力製造商進軍國際市場的雄心，也讓傳統的朱古力製造業者受到感染，共同攜手

向國際市場前進。

巴拉谷耳在結語時說：「我們原本就有好的品質。現在是要向國際市場證明我們具有生產優良品質朱古力的能力。從而展現我們就是西班牙朱古力文藝復興的創造者！」

巴拉谷耳講完之後，請聆聽者試吃各種款式的西班牙朱古力。試食之後，老饕買了五大排黑朱古力，而小女和嘉川，卻選擇了精緻美味的朱古力糖果！

食福客詞典　　西班牙公主的嫁妝

1659 年，十四歲的瑪麗亞・泰瑞莎與法國路易十四締結了婚約，確保西班牙、法國之間的聯盟關係。

女王將可可豆作為訂婚信物，並且在遠赴法國時，隨身攜帶了一名專門為她製作朱古力飲料的女僕拉莫里娜（即歷史上著名的「朱古力女孩」）。

這位法蘭西王后曾聲稱她的一生只珍愛兩件東西：一個是丈夫路易十四，另一個是朱古力飲料。

著名日記作家佩皮斯（Pepys）在 1661 年的日記中寫道：「朱古力可以用來解除國王加冕典禮之後的宿醉。」

伏爾泰（Voltaire）在《百科全書》中，將朱古力稱作「老人的牛奶」。

啤酒可以和美食一起搭配嗎？這是一個極有趣的問題。對一般人而言，啤酒算是一種輕酒精的飲料（beverage），很少有機會在正式餐桌出現。英國人喝啤酒是在酒館（pub），美國人喝啤酒是在比薩店（pizza house），法國人看不起喝啤酒的德國人，法國人形容喝啤酒的人是「庸俗的老粗」。至於生產啤酒最多的比利時，因為國家太小，而且食物單調，因此也就沒有人重視比利時人是用甚麼食物搭配啤酒了。

過去幾年來，老饕每年都要去美、加兩國探親。老饕發現，美國人對葡萄酒的常識，遠遠高於啤酒；美國人對葡萄的研發和投入，遠超過啤酒之上。對啤酒的了解，可以說是「一片茫然」。

2011 年 9 月，老饕參加了一次啤酒和美食搭配的講座。主講人凱文·馬漢（Kevin Mahan）開宗明義說，美國人對啤酒不了解，未嘗不

是一件好事。因為他們可以用開放的心懷去接受啤酒和美食搭配的挑戰，跳出葡萄酒和菜肴相配的框架。

馬漢隨即舉出了幾種啤酒和美食的最佳搭配。他希望在座的客人，能用舉一反三的思維，為自己做出最好的搭配選擇。

啤酒和沙拉搭配

馬漢說，葡萄酒（白）是最難和沙拉搭配的。可是，用麥類（如大麥〔barley〕、燕麥〔oat〕、裸麥〔rye〕等）釀出來的啤酒，質地清新芳香，有如蘇維翁・布朗克白葡萄酒（Sauvignon Blanc），不過，葡萄酒很難和混有沙拉醬的沙拉相配，麥類啤酒卻不會有「積不相容」的問題。他說，德國釀造的 Ayinger 啤酒，可以說是沙拉的最佳搭配（A peaceful coexistence.）。

啤酒和淡菜搭配 ①

英國的淺色麥啤酒（Pale Ale，其酒精濃度較 Lager 強，較 Porter 弱）和蚌、蛤相配最佳。不過 Yards Philadel-Phia Pale Ale 應是首選。因為 Yards 啤酒清香，有一點苦澀餘味，

① 淡菜：俗稱，即蚌、蛤（Mussels & Clams）之類。正式的名稱為貽貝。是棲息在淺海岩礁的軟體蚌類，以浮游生物為食物。因乾製貽貝過程中不加鹽及調味料，故得名為「淡菜」。

附圖11-1：Yards啤酒和蚌（俗稱淡菜）相配最為相宜。

這種味覺正好中和了蚌、蛤在蒸煮時所添上的濃厚香料味。而白葡萄酒卻不能和香味料相融。

蘇格蘭釀造的 Belhaven 啤酒，最適合和燉小腿羊肉搭配。
當小腿羊肉在燉煮時，它需要用大量的香料和羊肉一起燉
煮，藉以清除羊肉本身的羶味。因此，當羊肉燉好端上
桌時，就散發出一種香味，而且味道非常濃烈。因此，
用蘇格蘭的 Belhaven 和它搭配，最為恰當。它的最大特色
是：啤酒的餘味，可以中和羊肉本身的油膩。Belhaven 酒
精濃度只有百分之 3.9。低酒精濃度的啤酒，還可以和其
它濃烈香料味的菜肴相配，如咖哩羊肉、烤排骨（豬）或
者是辛辣的墨西哥菜肴。

馬漢說，用啤酒搭配甜點，比用葡萄酒搭配甜點更難處
理。到目前為止，還沒有找出最好的搭配方式，而且也
無跡可循。馬漢說，以他的經驗而言，Stout 啤酒本身含
有一種芳香甜味，因此和櫻桃朱古力派餅相配最好。此
外，Lindemans Framboise 也是和甜點的最好搭配。因為它
是用搗碎的草莓和小麥一起釀造，本身就帶有一種香甜
味，和朱古力派餅配食，是百分之百的「絕配」。

馬漢講完之後，還請在座客人品嘗他預先做好的四種美食和啤酒搭配餐譜，以驗證他的講法。他強調，用啤酒搭配美食只是一種新構想，如果想要完成用葡萄酒和美食搭配的「定律」，還有一條長路要走。不過，他強調所謂的搭配，只要存乎一心，襯出自己鍾意的美食配美酒的餐譜，才是一件最稱心如意的事。

食福客詞典　　啤酒的歷史

世上最古老的飲料之一。最早的歷史可追溯於公元前一萬年前的美索不達米亞平原。

1974 年出土於敘利亞埃伯拉地區的文物，記載著「給女神林卡西的聖歌」這篇給美索不達米亞平原的啤酒女神的史詩。

發展到現代，德國為世界上啤酒消耗量最大的國家，其啤酒之鄉巴伐利亞和天主教文化緊密相連在阿爾卑斯山北麓上，有條山徑直通最原始的巴伐利亞「啤酒天堂」——修士自行釀造黑啤酒的安蝶斯修道院，是啤酒愛好者的朝聖之地。

在慕尼黑有座「奧古斯丁」(Augustiner)啤酒廠，據說，由於當時每年復活節前六週的四旬齋期間，修士們不能吃肉，他們便任由「大麥汁」自然發酵，最後生成了一種高酒精度的飲料，並將它作為四旬齋餐飲的代替品。為了使教廷准許他們飲用這種美味的飲料，修士們便送了一桶給教皇，教皇品嘗後為之傾倒，表示這種飲料可作為「四旬齋餐的代替品」及「罪惡的洗滌劑」，並准許巴伐利亞的修道院釀造之。

II

老世界 ——歐陸

1

單一麥芽威士忌酒聖地

不可或缺的穀物糧食

十八世紀英國大詩人山膠爾‧詹森（Samuel Johnson）說：「在英格蘭，穀物是給馬吃的，可是，在蘇格蘭，穀物卻是養活蘇格蘭人不可或缺的糧食！」

詹森的話，一點也不誇張。穀物不但養活了蘇格蘭人，而且用穀物釀出來的單一麥芽威士忌酒，在世界烈酒國度裡揚名立萬。不過，蘇格蘭高地單一麥芽威士忌酒並沒有隨著大英帝國的勢力散布到海外市場，反而是讓低地的混合威士忌酒早著先鞭，譽滿世界。蘇格蘭單一麥芽威士忌酒，要到二十世紀的七〇年代才嶄露頭角。從而獲得尊崇的地位。

蘇格蘭朝聖

喜歡喝單一麥芽威士忌酒的酒國人士們，如果是到英國觀光，千萬不要忘記到釀造單一麥芽威士忌酒的出產地——蘇格蘭——朝聖。信奉回教的教徒們都有前往麥加朝聖的宏願，

常喝單一麥芽威士忌酒的杯中客們，也要有前往蘇格蘭膜拜的宏願。

煙燻三寶

到蘇格蘭喝單一麥芽威士忌酒，還可以嘗到道地的蘇格蘭煙燻食物，其中最有名的莫過於煙燻三文魚（Smoked Salmon）。因為蘇格蘭北方冷凍的水源，讓三文魚本身的魚油（Omega 3）量比暖水生產的三文魚高出好幾倍。因為三文魚本身鮮肥，更適合煙燻。蘇格蘭人一日三餐，總少不了三文魚。除此之外，蘇格蘭的煙燻北大西洋雪魚（Smoked Haddock）和煙燻鱒魚（Smoked Trout），合稱為「煙燻三寶」。它們都是和蘇格蘭單一麥芽威士忌酒的最佳「搭配」。

單一麥牙威士忌膜拜之旅

在蘇格蘭，一共有四十三家出名的單一麥芽威士忌酒釀造廠。除了二家廠分布在低地（Low Land）外，其餘均分布高地和「外島」①。若想要親身前往自己最喜愛的酒廠膜拜，可以透過酒廠公關或旅行社安排②。到蘇格蘭膜拜單一麥芽威士忌的旅客，如果也嗜打小白球，一定要去聖安

---

① 參看附圖 1–1、1–2、1-3：酒廠分布圖。
② 在非正式比賽時間，都可由旅行社安排。

安德魯高爾夫球場「朝聖」，除打球之外，還可以看到許多知名好手拿下英國公開賽獎盃時所留下的英姿。此外，尼斯湖也是值得一遊的地方。因為尼斯湖怪傳聞已存在好幾世紀之久，但始終沒有人看過或抓到水怪。神祕的傳聞，增加了尼斯湖的觀光身價。

除卻美食美酒，值得一說的特殊觀光景點有兩處：旋律洞穴和荷伊島上的老人。

旋律洞穴

「旋律洞穴」（Fingals Cave）③ 位在蘇格蘭西部的一座小島上，是蘇格蘭最美麗的洞穴。洞穴完全由玄武石構成，呈五角形或六角形有秩序地從洞口外一直延伸到洞口內。因為洞穴直通外海，海風由外向內吹進來，像是一曲美好的旋律。英國大作曲家孟德爾頌（Mendelssohn）在1830年時，因為聽到來自海浪撞擊玄武石的回聲，忽然啟發靈感，完成令人百聽不厭的〈海布里群島序曲〉（*Hebrides Overture*）。

荷伊島上的老人

「荷伊島上的老人」（Old Man of Hoy）④ 屹立在蘇格蘭最

③ 請看附圖1–4。
④ 請看附圖1–5。

附圖 1-4：
旋律洞穴

附圖 1-5：
荷伊島上的老人

北方外島（The Orkney Island）中的小島荷伊（Hoy）上的聳天巨石，好像是一個孤懸外海的燈塔，向航艦指點迷津。又好像是通天的煙囪，終日與海風巨浪博鬥。最好的形容，自然是像孤獨的老人站在海邊，眺望海的遠方，期待遠遊異方的遊子早日歸來。石塊上斑斑巨痕，就好像是飽經風霜老人的歲月痕跡。毅力，讓它頂住來自大西洋凜冽的刺骨風寒，以及忍受著無止無休的海浪衝擊。老饕建議，要去參觀「荷伊島上的老人」，最好攜帶禦寒厚衣，即使是盛夏，海風刮到臉上，仍有如刀割，冬季時更是不言可喻。

食福客詞典　　蘇格蘭威士忌起源

蘇格蘭威士忌（Scotch Whisky，或簡稱Scotch），是一種只在蘇格蘭地區生產製造的威士忌。最大特色是在製造過程中使用了泥炭物質。最早生產於公元四、五世紀，由教士從愛爾蘭傳入蘇格蘭。
文獻記載所發現的蘇格蘭威士忌，記錄於1494年。而在英王詹姆士四世的要求之下，天主教修士約翰‧柯爾（Friar John Corr）買了八箱麥芽，於蘇格蘭的離島艾拉島，製造出第一批「生命之水」。

收藏純麥威士忌酒

純麥威士忌酒收藏入門款：

1 BOWMORE ——酒齡十七年，產自蘇格蘭 Islay 區。

2 LAPHROIAG ——酒齡十年，Islay 產品。

3 HIGHLAND PARK ——酒齡十二年，產自 Orkney 區。

4 TALISKER ——酒齡十年，產自 Skye 區。

5 GLENKINCHIE ——酒齡十年，產自 Lowlands 區。

6 THE BALVENIE DOUBLE WOOD ——酒齡十二年，產自 Speyside 區。

7 BENRIACH ——酒齡十年，產區同前。

8 THE SINGLETON OF AUCHROISK ——酒齡十年，產區同前。

9 EDRADOUR ——酒齡十年，產自 The Southern Highlands。

10 GLENMORANGE ——酒齡十二年，在雪利木桶中陳年，產自 The Highlands.

＊ 愛情絕對不是令地球旋轉的動力，
惟有威士忌酒，才能促使這個世界旋轉
如飛。——邁肯基爵士(《話說威士忌》)

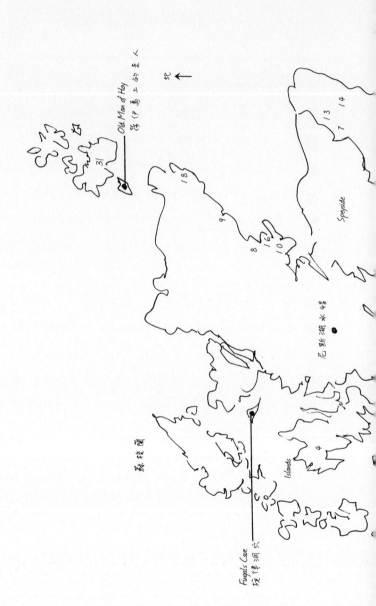

附圖1-1：蘇格蘭單一麥芽威士忌酒
釀酒廠分布圖。

老世界 —歐陸

Islands

1	Highland Park	1 1	Dalwhinnie
2	Isle of Jura	1 2	Edradour
3	Scapa	1 3	GlenDronach
4	Talisker Campbeltown	1 4	Glen Garioch
5	Springbank Highlands	1 5	Glengoyne
6	Aberfeldy	1 6	Glenmorangie
7	Ardmore	1 7	Oban
8	Balblair	1 8	Old Pulteney
9	Clynelish	1 9	Auchentoshan
1 0	Dalmore	2 0	Glenkinchie

Speyside

Speyside

21 Aberlour

22 Balvenie

23 BenRiach

24 Cardhu

25 Cragganmore

26 Glenfarclas

27 Glenfiddich

28 Glen Grant

29 Glenlivet

30 Glenrothes

31 Longmorn

32 The Singleton of Glendullan

33 Macallan

34 Strathisla

35 Tomintoul

附圖1-2：蘇格蘭單一麥芽威士忌酒
釀酒廠分布圖。

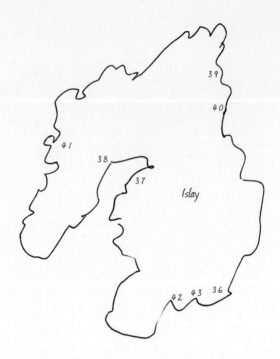

Islay

Islay

36 Ardbeg

37 Bowmore

38 Bruichladdich

39 Bunnahabhain

40 Caol Ila

41 Kilchoman

42 Laphroaig

43 Lagavulin

附圖1-3：蘇格蘭單一麥芽威士忌酒
釀酒廠分布圖。

世界四大拍賣公司

拔特菲爾德・拔特菲爾德公司（Butterfield Butterfield Co.） *1*

總部設在舊金山。本來是專門以拍賣加州那拔河谷葡萄酒而
知名，現在也拍賣陳年單一麥芽威士忌酒。

佳士德公司（Christie's Co.） *2*

總部設在倫敦。2008 年，首度在紐約拍賣會上高價賣出蘇
格蘭麥卡倫單一麥芽威士忌酒而聲名大噪。

蘇富比公司（Shtheby's Co.） *3*

2010 年，開始拍賣陳年蘇格蘭單一麥芽威士忌酒，並且大
膽預言，在今後十年之內，單一麥芽威士忌酒將會在酒國世
界獨風騷。

柴契斯・克里斯帝公司（Zachys-Christie's Co.） *4*

總部設在紐約，該公司領導階層都看好單一麥芽威士忌酒的
國際市場。

蘇格蘭威士忌風味聖經 I

蘇格蘭著名詩人彭思：
「自由與威士忌同在。」

月光威士忌

英政府從 1644 年開始徵收威士忌酒稅，此舉令蘇格蘭人義憤填膺，他們認為在自家釀造威士忌，就如同清晨在自家起床後煮麥片粥是一碼子事，是政府管不到的家務事。

十八世紀末，不堪忍受的釀酒商，為了躲避稅務官的搜尋，將釀酒廠遷至人煙罕見的深山老林中。私釀的威士忌都被裝在小木桶裡，以區別於政府公釀的大桶威士忌，於是小桶和大桶威士忌，就成為私釀與公釀的代名詞。

由於私釀威士忌常在深夜人不知鬼不覺時出籠，故被賦予「月光威士忌」的美名。而蘇格蘭十八世紀詩人彭斯稱讚威士忌為「詩神」，其名言為：「自由與威士忌同在」。

十九世紀二〇年代，英政府無法控制私釀猖獗的情況，不得不於 1823 年取消了威士忌酒稅，改發威士忌生產許可證，

每張收費十英鎊，從此地下威士忌終於重見天日。

1988 年蘇格蘭威士忌法案（Scotch Whisky Act 1988）
規定蘇格蘭威士忌必須符合下列標準：

1 由位於蘇格蘭的蒸餾廠製造，只能使用水、發芽的大麥
作為原料，添加其他穀類的全穀。

原料加工的過程必須符合：

＊在蒸餾廠現場磨碎。

＊只能利用內在的酵素系統（endogenous enzyme
systems）來轉化為可發酵的物質。

＊只添加酵母來發酵。

2 只能被蒸餾到體積酒精度（ABU）少於94.8%的標準，保
留蒸餾出來的香氣和風味。

3 威士忌只能裝在容量不超過七百公升的橡木桶中，而且
必須在蘇格蘭的保稅倉中進行陳年。陳年時間不可短於
三年。

4 只能用原料製造、陳年，產生色澤、香氣、風味，還有
水、酒、焦糖；不能使用其他添加物質。

蘇格蘭威士忌風味聖經 II

蘇格蘭威士忌揚名世界的原因：

1️⃣ 產酒地的氣候和地理環境適合大麥生長。

2️⃣ 擁有獨特的泥煤熏烤香味；泥煤是當地特有的苔蘚植物經過長時間的腐化而成。泥煤用來烘烤麥芽，泥煤在燃燒時會有獨特的氣味，可用來增加香氣。

3️⃣ 釀酒地蘊藏豐富優質的礦泉水，配合蘇格蘭人特有的傳統釀酒方法。

蘇格蘭威士忌的種類：

麥芽威士忌｜單一麥芽威士忌（Single Malts）／

原料 大麥麥芽，用顆粒大、澱粉含量豐富的二條大麥釀製。

產地 單一蒸餾廠的麥芽威士忌，產於蘇格蘭高地、蘇格蘭低地或蘇格蘭艾雷島的蒸餾廠。

口感 高地威士忌口味辛辣、強而有勁，有煙香的味道。低地威士忌口感和煤香較輕淡。蘇格蘭艾雷島口味最重。

年份 陳年年份八至三十年。

麥芽威士忌 | 純麥威士忌（Uatted Malts） *2*

原料 以大麥芽為原料。

配方 將原料在露天泥煤上烘烤，用罐式蒸餾兩次，酒精濃度達到63.4度，再裝入橡木桶中陳釀。裝成瓶前，要先用水稀釋。

口感 具有泥煤的香味。

年份 陳釀至少三年，五年以上才能飲用，十到二十年酒質最佳。

穀類威士忌（Grain Malts） *3*

原料 以小麥、玉米、大麥麥芽為原料。

配方 常以比例百分之八十玉米、百分之二十麥芽為調配。採用連續式蒸餾器（Patent distill），蒸餾二到三次不等。蒸餾出來的威士忌稱為新酒，酒精濃度比普遍的麥芽威士忌高，不添加任何燃煤。

口感 口感柔順，無煤燻味。其產地對口感影響較小，任何地區所產之穀類威士忌，口感差異不大。

2

西班牙美酒·
美食·美景

西班牙是歐洲諸國中，最受歡迎的旅遊目的
地。雖然人類已進入二十一世紀，但西班牙
過去的光榮歷史神祕感和浪漫情懷，並沒有
因時代變遷而消失，這就是西班牙為甚麼會
成為觀光大國的原因。美酒、美食和美景這
三大觀光要素，成就了西班牙的觀光事業，
卻也把西班牙的神祕面紗揭開。當西班牙的
神祕面紗一旦被揭開之後，西班牙人熱情奔
放的一面又表露無遺；其中最明顯的例子莫過
於西班牙人所跳的吉普賽舞，又稱為佛朗明
哥舞（Flamenco），以及觀眾在鬥牛場上看鬥
牛屠牛成功瞬間的高聲吶喊！

西班牙每一個地區都有其獨特的文化背景和
民族特性，整個西班牙又異於歐洲其它國家。
就以美食而言，也會因人、因地而異，調飪
出不同的口味，不但讓外來的觀光客百吃不
厭，即使西班牙人自己，對本區以外的美食，
也讚不絕口。

面臨大西洋的美食之都 ── 聖‧薩巴斯提安城

西班牙的美食之都，應該是古老而又面臨大西洋的小鎮
聖‧薩巴斯提安城（San Sebastian），它位在西班牙北方海
岸，從法國邊境開車，只需一、二小時即可到達。薩城
的歷史和傳統習俗，和西班牙扯不上一點關係，它是純
屬巴斯克人的文化（Basque），而其烹飪文化，卻有其獨
特傳承的一面。

老饕覺得，一踏進薩城，就會有進入時光隧道的感覺，
觸目所見，盡是中古世紀的建築，而那裡的海鮮和醃燻
的羊奶乳酪，卻是極品。薩城一帶，以新鮮海鮮出名。
西班牙人稱之為「海鮮中心」，也是老饕聚集之地。如果
一個美食家，沒有嘗遍薩城大小餐的佳肴和名酒，那麼，
他只是一個浪得虛名的老饕而已。①

談到美食，自然不能不談西班牙的美酒。西班牙每一個
地區均有獨特的個性，這種獨特的性格，也可以反映到
西班牙的葡萄酒文化上；其中以西班牙的紅葡萄酒，最能
詮釋出西班牙人熱情與奔放的一面。

---

① 見附圖 2–1。

附圖2-1：La Cepa 是薩城最好的酒吧餐館之一，饕客可以點一杯好酒，配上吧檯主廚做的好菜，或者是點一盤就在頭上的煙燻火腿。（照片由 La Cepa 餐館提供）。

西班牙的紅酒可分三大產區

Priorato（發音：pree-yaw-rah-toh）位在西班牙卡特龍尼亞（Catalonia），Priorato紅葡萄酒酒精成份極濃，它由生長在氣候炎熱地區的兩種葡萄Carinena和Garnacha釀成。為了適應一般人的口味，釀酒商把它的酒精濃度降低，但老饕覺得，還是喝濃烈的比較有勁道。因為它最適合西班牙特有的醃燻食物。在過去十年來，Priorato的紅葡萄酒，要以2001年到2006年間的年份最好。可以現在就喝，也可以繼續收藏。

Ribera del Duero（發音ree-bay-rah del doo-way-roh）位在西班牙中北部，是一個釀造優良紅葡萄酒的產區。在過去十年來，以2003年到2005年這三個年份生產的紅葡萄酒成份最為優異，可以現在就喝，也可以收藏。

Rioja（發音ree-ok-hah）是西班牙最好的紅葡萄酒產區。這個酒區分成三部份：Alavesa / Alta / Baja。這三區之中，以Alta釀造出的紅葡萄酒品質最好，其次是Alavesa，而Baja則以量多而取勝。多數Rioja紅葡萄酒是用混合葡萄釀造而成，只有少數的葡萄園是用它們自己生產的葡萄釀酒，

不和其它葡萄混合釀造。過去十年來，只有2001、2004
和2005這三個年份的葡萄酒最好。②

哥斯達‧巴拉瓦區一帶的觀光景點

美食和美酒談過之後，現在要談美景部分。西班牙的主
要觀光景點集中在哥斯達‧巴拉瓦區（Costa-Brava），從
法國、西班牙邊界往東北延伸而止於巴賽隆那城，整條海
岸線整修得非常優美，華麗的海灘別墅和高級觀光旅館，
比比皆是。但是從法、西邊界的山脈往東岸一帶延伸的
山區，布滿了紅銅色的懸岩、山岬及畢挺的蒼松，氣勢
懾人。古羅馬時代建立的塔拉崗那城（Taragona）仍完整無
缺的保留著，讓遊客有興起幽古思情之感。

老饕建議，如果去馬德里觀光的話，千萬不要錯過去迷
城（Enchanted City）一遊的機會。根據歷史考古和地質學
家考證。迷城一帶的奇岩怪石，應該是遠古以前的城鎮，
或許有人類居住過。不過，從一些不同的角度去觀看，
許多石頭的形狀有若恐龍、巨象、大熊，甚至還有像鱷
魚的化石。往這一帶尋覓的遊人，都會有一種陰森鬼怪
之感，迷城之名也由是而來。

②以上三個地區所產葡萄酒年份，
其所獲得的評分，都是在九十分以
上，九十分以下則不列舉。

西班牙重要酒區分布圖

1. Conca de Barbera

2. Priorato

3. Tarragona

4. Penedes

5. Rioja

6. Navarra

7. Rias Baixas

8. Bierzo

9. Valdeorras

10. Cigales

11. Toro

12. Rueda

13. Ribera del Duero

14. Valdepenas

15. Valencia

16. Jumilla

17. Jerez

＊ 西班牙葡萄酒：釀酒留古風 ＊

三大特色

1. 紅白酒皆芬芳濃郁。
2. 耐收藏且物有所值。
3. 香檳酒和雪麗酒都是以傳統方式釀造。

陳年牛血紅酒品質極佳

牛血紅酒（Rioja）的特色是濃郁橘果和熟透的甜瓜味，正好中和有鹽份的礦物質味。具有多元性的變化，可以久藏之後再飲，曾有「金色三連莊」（在 1994、1995、1996年這三個年份出盡風頭）優勢。牛血紅酒的最優點是：碰到好年份的酒，可以久藏十年甚至更長，即使普通年份，也可以等上五年再喝。

據說世界文豪海明威（Hemingway）就是西班牙紅酒的狂熱者，在創作以西班牙為背景的《戰地鐘聲》（*For Whom the Bell Tolls*）時，每天狂飲有「牛血」之稱的 Rioja。

義大利是一個讓歷史抱著的國家；每一個城鎮
受人尊敬的程度，都好像是與生俱來的。例
如，城鎮的都市計畫，從道路到排水系統，
從建築物的架構到市場的興建，遠在羅馬帝
國時代就已經規劃好，而且沿用至今。雖然
羅馬帝國由盛而衰，沈淪了好幾百年，但文
藝復興時卻讓羅馬帝國的輝煌時代又再度重
現，流風所及，也帶來了西方文明再生的機
會，歐陸國家也掌握了文藝復興的機會，將
自己從蠻夷的沈淪中恢復了原來本貌，從而
脫胎換骨，再造現代文明。

義大利讓歐陸國家脫胎換骨，但對她本身而
言，多多少少還是停留在「後文藝復興時代」
的日子裡，南北文化的差異，也反映到日常
生活當中，其中最明顯莫過於美酒和美食。

老饕從過去的傳授經驗裡，一再向喜愛美酒，
特別是義大利美酒的饕客們建議，如果是要
去義大利酒區觀光旅遊，最好是鎖定一、兩

個目標，然後去做深度探訪，因為義大利酒區太多，而且水準也不一樣，如果是到了一些不想去的酒區觀光，等於是平白浪費時間和金錢。

在眾多的義大利酒區當中，老饕最愛的是杜斯坎尼酒區（Tuscany）。它在義大利中部，面積大小有如美國新罕布什爾州，可是，它卻擁有十四萬九千個葡萄莊園，因為莊園太多，品質也就有雲泥之別。杜斯坎尼酒區中，老饕最鍾情於基安帝傳統區（Chianti Classico）釀出的名酒。基安帝傳統區又稱之「杜斯坎尼創新之泉」（Fountain of Innovation）。因為基安帝的葡萄農們採用傳統和創意的結合，把基安帝傳統區內釀造的紅葡萄酒升華到國寶級的層次。因為它的芳香和清新，配以成熟葡萄釀造時所釋出的單寧酸，讓酒入口之後有一種圓潤感。再者，因為單寧酸穩固酒的本身濃厚度，適合久藏。

最近幾年來，基安帝最好年份有2001、2003、2006和2007這四個年份，它們都可以久藏十年以上再喝。過去以來，大家都有一個錯誤的認知，以為基安帝是「上帝的淚水」，是所謂的義大利國酒，其實，「上帝的淚

水」(Tears of Christ 〔 英文 〕／Lacryma Christ, del Vesuvio on Vesuvius〔 義大利文 〕)是義大利南部 Mastroberadino Winer（ 發音 maas-tro-be-rah-dino）出產的酒。老饕也曾被這個錯誤資訊誤導，在此一併更正。

杜斯坎尼酒區是一個丘陵地，葡萄園分布在高低不同層次的山區內，除了葡萄園之外，到處長滿了蒼松翠柏，美麗透了。

杜斯坎尼區除了有風景如畫的葡萄園讓遊人留連忘返外，區內的大小美食餐廳，星羅棋布，香味結成像是一張蜘蛛網，把遊人網進他們的餐廳內。到杜斯坎尼酒區品嘗美食，跟著義大利走必準無疑。義大利人品評一家餐廳水準優良與否，就是要看它能否把一道最簡單的菜肴讓食客們吃得點頭稱讚。這道菜用料非常簡單，把一個甜瓜 ① 切成塊，然後把切成薄片的火腿包在甜瓜的外面②，然後端出來讓客人品嘗。不要小看這道菜，它的學問非常大，首先是火腿的味道和切割的部位和厚薄，是否恰如其分，其次是甜瓜的甜度和軟硬度也要恰恰好，太甜的話，會把酒的原味搶去，太淡的話，不宜中和火腳本身的鹹味。

① Cantaloupe，產自羅馬附近，後移植美國，仍保留原名，只是把字的最後一個字母 e 去掉，不過，這種瓜類移種到澳洲之後，就改名為 Rock Melon。
② 見附圖 3-1。

總之，這是一道「誠如容易卻艱難」的「考試菜」！

對飆車族的人來說，如果有膽，到了義大利之後，一定要到拿破里斯開一趟快車，親身體會義大利人常說的「死亡之旅」（drive to Naples and die）的刺激經驗。這種說法雖然有點誇張，但在維蘇威火山附近的山路上開快車，如果沒有膽識和技術，最好不要輕易嘗試。

義大利人為甚麼在拿破里斯山開飛車呢？據說，到了山頂看海，感受會特別奇妙。有些過來人甚至形容遇到天氣晴朗，就可以從山頂上向下望見海底的龐貝城。拿破里斯山頂經常為雲霧所圍繞，因此才會有飛車情景出現，只要是分秒之差，一旦雲層出現，就會失去看海底迷城的美景了！

食福客詞典　　義大利 ——西餐之母

---

* 1553 年，義大利公主凱薩琳・狄・麥第奇（Catherine de Medici）嫁給法蘭西王儲亨利二世，隨身攜帶了三十位廚師前往法國。

* 古希臘人稱義大利為「葡萄酒之國」（enotria）。

附圖 3-1：火腿包甜
瓜是義大利的「考
試菜」

* 在維蘇威火山（Vesuvio）爆發時一夜之間化為廢墟的
龐貝城（Pompeii），保留完整的葡萄酒壺。

* 共和制時代的雄辯家西塞羅（Marcus Tullius Cicero）曾
沉迷於葡萄酒之中。他談到友誼時說：「長久的友誼，
就像保存長久的酒一樣，越釀越醇美。」

4

葡萄牙頂級波特
酒

歐債危機，葡萄牙也是「受害國」之一。葡
萄牙一度是歷史上掌握海上霸權的國家，也
是冒險家輩出的帝國，海外殖民地遍布，葡
萄牙人也像其它殖民地國家一樣，享受繁華
富貴的生活。不過，二十世紀末的葡萄牙卻
是西南歐國家中，最窮困的一國。當1986年，
葡萄牙為了要挽救本身經濟危機，脫離窮困
苦海，正式加入歐盟。往後幾年，經濟雖有
起色，好景只不過十年，又被捲入歐債的漩
渦中。

葡萄牙真的會像媒體所形容，是一棵中空的
大樹，隨時會被風吹倒嗎？其實也不盡然。
看看葡萄牙1994、1996、1997、2000和2003
這五年釀造的波特酒，目前在酒國市場上的
價格，動輒都要好幾百美元一瓶，波特酒可
以扮演葡萄牙的「救世主」，因為它可以彌補
一些「國債」。

葡萄牙都魯（Douro）區，是釀造頂級波特酒的「聖地」。葡萄成熟時，農民忙著採摘葡萄的情況①，構成一幅美麗的秋收畫面。都魯酒區內，一共有五個頂級波特酒酒莊，其中又以奴瓦爾（Noval）酒莊為一時之選。都魯酒莊面臨葡國都魯河流域，因為有河川之便，它釀出的波特酒都經由都魯河運至大西洋出口而前往海外。相傳，波特酒要經過一段海運航程，它的酒精濃度才能達到圓潤的最高臨界點。葡萄牙的大型波特酒酒莊，都自備帆船，專門載酒「出洋」，航程一段時間之後，再回到自己的酒莊「靜養」，然後才裝瓶出售。

除波特之外，葡萄牙外島瑪迪魯（Madeira，發音 ma-dee-ruh），也釀造出極品的加強酒（Fortified Wine）。瑪迪魯位在大西洋是葡萄牙外島，靠近北非。由於遠古時代火山爆發所留下的火山灰燼，使它形成日後種植瑪迪魯葡萄的「天堂」②。

為了要讓讀者進一步了解葡萄牙酒，老饕特別把一些常印在葡萄牙酒酒瓶上標籤，做簡單的解釋：

① 見附圖4–1。
② 見附圖4–2。

葡萄酒標籤

① ADEGA

② BRONCO

③ COLHEITA

④ ENGARRAFADO NA ORIGEM

⑤ GARRAFEIRA

⑥ QUINTA

⑦ RESERVA

⑧ VELHO

⑨ VINHO de MESA

附圖4-1：葡萄成熟時，葡萄莊園全體出動摘葡萄，是觀景點之一。

① ADEGA ── 酒莊

② BRONCO ── 白酒

③ COLHEITA ── 年份

④ ENGARRAFADO NA ORIGEM ── 酒莊裝瓶

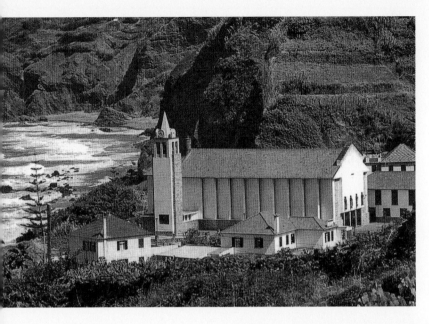

附圖4-2：葡萄外島瑪迪魯葡萄園園景一角

⑤ GARRAFEIRA ——有葡萄年份、酒精成份少許高一點，
同時還要有最低的陳年年份規定。

⑥ QUINTA ——酒莊或業主

⑦ RESERVA ——葡萄酒是用的頂級葡萄年份和熟透的葡
萄釀成，它遠高於一般的水平要求。

⑧ VELHO ——老的意思

⑨ VINHO de MESA ——餐桌酒

本土招牌菜 ——Acorda

葡萄牙的美食，並沒有登上國際美食殿堂。不過，濃厚本土色彩的菜肴，卻能吸引外來的饕客。葡萄牙有一種很特別的本土招牌菜，名叫 Acorda，它是用不同種類的海鮮煮在一起，煮熟之後，再把它攪拌成泥，然後放在濕透的麵包上，加上一個荷包蛋，味道鮮美，可以說是葡萄牙的「庶民美食」。除此之外，葡萄牙大小餐館，都會推出本店的招牌美味甜點——朱古力慕斯（Chocolate Mousse）。牛排和海鮮，則屬於高檔次的美食，它們並不能算是葡萄牙的代表菜肴！

由古堡改建的鄉村旅館

葡萄牙內陸的鄉村旅館，是葡萄牙本土色彩的最好詮釋。因為它們保留著幾個世紀所留下的風俗習慣。不論大城小鎮，並沒有建築摩登旅館，住在老式鄉村旅館裡，反而別具風格。而且那種溫馨的居家感受，是一般大城和現代旅館所感受不到的。鄉村旅館另外一個特色是，因為它們都是由一些古堡改造，或者就在古堡之旁建造，其中以奧必都斯（Obidos）和帕爾米拉（Palmela）兩城最為吸引人。

老饕第一次接觸奧地利白葡萄酒，還是在二十世紀的九〇年代。當時老饕是觀光局駐新加坡辦事處主任，由於推廣是一項雙向交流，因而也結識不少其它國家派駐新加坡的觀光推廣代表。品嘗其它國家葡萄酒的機會也就特別多。1993 年 8 月，新加坡第一次舉辦國際酒展，老饕應當時新加坡旅遊局白福添局長之邀，參與評審團。那次品嘗到奧地利展出的白葡萄酒，因為國際知名的葡萄酒太多，對奧地利的白葡萄酒沒有深刻印象。

五年之後，奧地利的白葡萄酒卻在 1998 年新加坡國際酒展上大放異彩，葛龍納·費爾特李納白葡萄酒（Gruner Veltliner， 發音成 groo-nuhr felt-lee-nuhr）奪冠。評審團給它的評語是：帶有熱帶水果香味，也有花香味，還帶有煙燻味，最讓評審團吃驚的是還帶有香草味。以前品酒家們認為葛龍納·費爾特李納白葡萄酒永遠屈居於奧地利產的蕾絲玲白酒之下，不過，自那次驚豔之後，它的評價，也

與日俱增。

喜愛雙酒 Deligtful Duo

2011 年 5 月 31 日出版的《葡萄酒觀察家雙週刊》酒評記
者金・瑪卡斯（Kim Marcus）在專文中指出過去五年來，
地處於阿爾斯山脈的奧地利，釀造出令人驚嘆的「喜愛雙
酒」（Deligtful Duo）——葛龍納・費爾特李納白葡萄酒和
蕾絲玲白葡萄酒。他說，2005、06、07、08 和09 這五年
的白葡萄酒，所獲得的評分，都是在九十分以上。喜愛
白葡萄酒讀者們，不妨嘗試一下「喜愛雙酒」，說不定一
下就會喜愛下去！

奧地利美食雙絕 ——維也納炸肉排和維也納香腸

談到奧地利的美食，讀者們的第一個反應是：維也納炸肉
排（Wiener Schnitzel）。老實說，包括老饕在內，也是有這
種自然的反應。再者，它和維也納香腸（Wiener Wurst）並
稱為奧地利「美食雙絕」，因為它們有其歷史性的背景。
遠在奧匈帝國時代，奧地利的維也納炸肉排、維也納香
腸和匈牙利的菜燉牛肉（Goulash），都列在王公大臣們豪
宴的食譜上。

隨著時代的轉替，奧匈帝國早已瓦解。當就地食材之風興起之後，奧地利人也開始重視就地取材，以新鮮的輕食，逐漸取代傳統的貴族烹調（Noble Cuisine）。庶民烹調（Humble Cuisine）是為主流。而多瑙分支的鱒魚①配上白葡萄酒，最受一般奧人喜愛。

那麼，奧地利人引以為傲的維也納炸肉排是否就此消失？其實不然。奧地利名廚師大漢斯・瑞提鮑爾（Chef Heinz Reibauer Jr.）有一次在美食頻道上介紹奧地利的維也納炸肉排時說：「我們現在重視的維也納炸肉排是，當你閉上眼睛，盲試一塊肉排之後，你會說這可能是道地的維也納炸肉排！這一點反應對我們來說是非常重要的！」它的訣竅在哪裡？瑞達鮑爾說：「它是用上肉、清澈的牛油和高級麵包粉製作而成！」若有機會到維也納，不妨一試「庶民烹調」！

奧地利風景優美，特別是首都維也納，因為多瑙河流域流經維也納郊區的叢林時，咆哮的怒吼聲音消失了，整條河彷若變成為柔順的少女，在森林內慢慢行穿梭。奧地利樂聖約翰・史特勞斯（Johann Strauss）也因而得到靈感，

---

① 多瑙河有嚴重的污染，支流的河水清新，鱒魚肉鮮而肥。

在 1866 年創造出〈藍色多瑙河華爾滋舞曲〉(*Blue Danube Waltz*)。從此這首舞曲也成為奧匈帝國宮廷舞會的主題曲,而華爾滋舞曲也隨著多瑙河的潺潺水聲傳遍其流經之地。華爾滋與多瑙河連成一體,為奧匈帝國的文采風華,加註了浪漫樂聲。②

維也納的典型生活 ──咖啡館和傳統酒館 (Heurige)

到維也納觀光,最好去一趟郊區,坐在森林內的咖啡或酒吧小館,一面喝咖啡或品酒,一面靜聽潺潺的流水聲,說不定靈感如河水般湧出,為自己寫下生命中不可磨滅的一章。

食福客詞典　　奧地利的第二國歌 ──在美麗的藍色多瑙河上

1866 年普奧戰爭失敗,多瑙河的波濤撫慰人心
奧地利帝國戰爭失敗後,史特勞斯接受維也納男聲點唱協會指揮赫貝克的委託,創作「象徵維也納生命」的圓舞曲。
1867 年,此曲誕生。據說,因為此曲,人們才驀然發覺:多瑙河是藍色的。依照傳統,每年小年夜午夜時分剛過時演奏此曲,是維也納新年音樂會的保留曲目之一。
作曲者史特勞斯因為此曲,而有「圓舞曲之王」(Waltz King)的封號。

②見附圖 5–1。

附圖5-1：奧地利酒莊瀕臨多瑙河畔

＊史特勞斯的父親也是作曲家，父子同名，一般稱其父為老約翰‧
史特勞斯。

＊〈藍色的多瑙河〉這首圓舞曲在初次發表時，被視作小史特勞斯
的失敗之作。聽到演出失敗的消息，小史特勞斯他只是咕濃了一
句：「嗯，那就讓它見鬼去吧。」

＊之後，史特勞斯應邀前往巴黎國際博覽會；《費加羅報》編輯建
議以「一支巴黎人從未曾聽過的新曲」為音樂會的題目，於是史特
勞斯打電報到維也納去要〈藍色的多瑙河〉的樂譜，並且將它改編
成管弦樂曲。

多瑙河多麼藍、多麼亮，
溪谷、田野，你總是平靜地流
過。
維也納要跟你打招呼。
你這銀色的溪流
無論到那裡總教人滿心欣
喜——
你極美的河岸總教人滿心欣喜。

黑森林的遠處，
你奔流入海，
把祝福帶給萬物。
你是向東的流水，
喜迎你兄弟的境況，
安祥和平，恆久不變！
巍峨的古堡一邊俯瞰，
一邊在峭壁上笑著問候你，
一邊在峻嶺上笑著問候你，
遙遙的山景都映照在你舞動的
波濤上！

居於河床的美人魚，
在你流過時喁喁低語。

美人魚的低語，
藍天之下的萬物俱能聽見。
你的涓涓流水，
是遠古的歌；
是你嘹亮的歌聲
讓你萬古長存。

多瑙河的波濤，
請在維也納留步。
這城市愛你若此！
無論你在何方，這城市也是獨一
無二！
這裡滿載歡欣願望，
願望統統傾瀉而出，
散發醉人魅力；
還有德國人衷心的願望，
都隨你流向各地。

✳ 維也納式的愜意 ✳

給我 1/4 Heuriger 酒
——到了 Heuriger 酒館的人必定異口同聲的一句話

歷史悠久的釀酒歷史 ——維也納葡萄園

羅馬皇帝 Marcus Aurelius Probus 從義大利引進葡萄藤，並種植在多瑙河地區。五世紀時，因蠻夷文化入侵，葡萄酒停止發展。到了八世紀，神聖的羅馬帝國和法蘭克的國王查理曼大帝重建了在維也納的葡萄園。

維也納格林村 ——維也納酒館文化

名詞

Heuriger：德語，意思是新的、今年的，譯為霍里格小酒館。又有新酒酒館或是當年酒店之意。

歷史

1874 年 8 月 17 日，奧地利皇帝約瑟夫二世頒布《霍里格小酒館法》，霍里格小酒館與早一個世紀出現的傳統咖啡館一樣，成為維也納的社交場所。

特色

一幢幢小農舍門上掛著一段松枝、一小枝樅樹，或是用冬青編成的花環，另加一塊招牌。這些裝飾表示：「本店自釀新葡萄酒已上市。」

6
蕾絲玲白葡萄酒

2010 年 8 月，老饕乘訪美之便，特別再度蒞臨美國華盛頓州聖‧密歇爾酒莊（Chateau St. Michelle），參加「蕾絲玲大會合」（Riesling Rendezvous），因為是年是擴大舉行，德國、法國、奧地利、澳大利亞、紐西蘭和美國等盛產蕾絲玲白葡萄酒的國家，都拿出頂級的蕾絲玲白葡萄酒參與盛會，以期吸引更多的蕾絲玲粉絲參加，酒客會願意親自到各國品嘗美酒兼觀光。①

參加的國家很多，但老饕品嘗各種不同的蕾絲玲白葡萄酒之後，最鍾情 2009 德國釀造的蕾絲玲白葡萄酒；那是多麼的醇醪和芳香，在濃郁的酒味中，還可以品到桃子、杏子和梨子的香味，其間還滲著帶勁的蘋果味和橘子的特殊甘味。2009 年是德國蕾絲玲白葡萄酒大放異彩的一年。波利‧柏格威勒莊園負責人史提芬‧波利（Stefan Pauly）向粉絲們介紹說：「2009 年份的蕾絲玲白葡萄酒呈清澈的乳黃色，入口之後上顎會有一種濃郁香味的感

① 老饕在 2009 年也親自出席盛會。

覺。它可以現在就喝，也可以等上好幾年才喝，酒的品質不會受到久藏的影響。」

蕾絲玲是德國的頂級葡萄，其所釀造出來的白酒，佔德國總產量的五分之一。葡萄園面積共有五萬六千英畝。從2001年到2009年這九年間，蕾絲玲白葡萄酒的評分，都在九十分以上。2009年高達九十七分（一百分是滿分）評分，都高達九十七分，幾乎與滿分無異。

＊ 雷絲玲白葡萄酒 ＊

FRITZ HAAG

它的特色是有出色的清香味，口感有點像熟透的甜瓜和甘菊花茶味。

DR. PAULY-BERGWEILER

它的特色是濃郁橘果和熟透的甜瓜味，正好中和有鹽份的礦物質味。具有多元性的變化，可以久藏之後再飲，它是愈陳愈香的好酒。

JOH. JOS. PRÜM

它的特色是酒味清新而強勁，有濃郁的澀味，但是卻含

有青蘋果、桃子和熟透的甜瓜的混合味道。現喝和久藏皆宜。

德國葡萄農們最開心的事莫過於好酒帶來慕名而至的酒客和觀光客。雖然歐債席捲歐盟各國，但是德國卻很幸運的站在風暴圈之外，因此，德國的國內觀光客和外來觀光客的人數並沒有下滑。喜歡喝葡萄酒兼觀光的遊客，還是絡繹於德國蕾絲玲葡萄園之間，為德國注入龐大的歐元。根據德國旅遊協會 2011 年的年度報告指出，在二十一世紀頭十年間，德國的葡萄農們笑顏逐開，而其周邊的觀光產業也獲益良多。②

到德國觀光，除了到葡萄園之外，老饕認為奴舒區萬斯丹堡 ③ 是一個不可或缺的觀光景點。

奴舒區萬斯丹堡位在巴伐利亞的阿爾卑斯和奧地利接壤的山區中，於 1869 年由巴伐利亞國王魯德維格二世（Ludwig II）建造。這座雄偉的古堡，完全是為了「好玩」，沒有任何防衛的作用在內。

② 資料來源摘自 2011 年 10 月 20 日葡萄酒雙週刊。
③ 見附圖 6-1：Neuschwanstein Castle。

附圖6-1：
奴舒區萬斯丹堡（Neuschwanstein Castle），
迪斯耐的〈睡美人〉即在此堡拍攝。

魯德維格二世自小就有一個夢想，希望有朝一日建造一座古堡供他玩樂。在十三歲那年，他發現德國大作曲家李察·華格納（Richard Wagner）的音樂有如天籟之音，十八歲登基後，自然要遷居到首都柏格（Berg）。當他不在的時候，只有華格納可以進入奴舒區萬斯丹堡，以便尋求靈感，為他作曲。

魯德維格有一次寫信給華格納說：「等我們兩個人到天國之後，我們留下來的傑作──城堡和樂章，都會為我們後世子孫留下最好的典範。」魯德維格的話並沒錯，華格納的不朽樂章流傳至今，而他的古堡亦沒有毀於兵燹之亂，現在成為德國觀光地理中的指標。華德·迪斯耐不朽之作──睡美人，即在此處拍攝。④

④ 請參閱楊本禮：《歐美觀光地理》，揚智文化，2004 年。

不友善陋規

喜愛喝法國波都酒區紅葡萄酒的人，大概都知道波都酒區有一個傳統的「不友善陋規」，那就是不喜歡和訪客們直接接觸和直接做生意。酒區的園主一向是透過他們的代理商向外接洽業務。可是，這種閉門的陋規，敵不過世界市場開放的潮流，再者，訪客們也有很多是「微服出巡」的大戶，他們要自己體會波都酒區的神祕之處，如果園主「有眼不識泰山」而把這些潛在大戶拒於門外，最後損失的還是自己。不知這道「拒人於千里之外的藩籬」於何時打破，但老饕到波都區訪問時，已經可以到任何酒莊參觀了。①

對喜愛波都紅酒的人而言，一次波都酒區巡禮，可以說是終身獲益匪淺。波都酒區面積廣大，一共有三十萬英畝葡萄園。其中包括了許多國際知名的葡萄酒園莊。

梅杜克酒莊

梅杜克酒莊（Médoc，發音為may-dok）在波

---

① 大多數的酒莊星期六和
星期天是不接客的。

都城以北，它是順斜坡而下，風景如畫。在河畔之右，就是有名的龐米路爾葡萄酒莊園（Pomerol，發音為pom-meh-rohl），葡萄也是種植在斜坡上。當秋天葡萄成熟時，深淺不一的葡萄果實，透過秋陽，從山坡下往上望，一片紫光，有若通天的雲梯，美不勝收。有名的聖·提米李翁（St. Emilion，發音為san tay-mee-lee-yon）是一座美麗的中古建築的山城，街道全部用石塊砌成，坐馬車遊城時，馬蹄踏在石塊上所發出的規律節拍聲，尤其是在晨霧或夕陽時，更顯示出古風的可愛。昂特魯·杜莫爾園莊（Entre-Deux-Mers，發音為on-tuh duh-mehr）又給老饕另外一種印象，它好像是另外一個世界，整個園區給山丘和樹木遮蓋，清靜的氣息，有一種隔世之感。

蘇端小鎮的酒莊古堡

世界有名的蘇端酒莊（Sauternes，發音為soh-turn）以釀造甜白葡萄酒出名，蘇端小鎮的道路，呈十字交叉形，小鎮非常幽靜，最有意境的畫面是每每在霧靄中隱約看見小路通往雲霧間的酒莊古堡，為蘇端甜酒增添了一點神祕感。②

②相傳蘇端甜酒的第一代傳人，曾接獲隱士的祕方，才釀成震驚酒國的甜葡萄酒。

附圖7-1：波都區瑪葛酒莊地窖藏的紅葡萄酒，
年份都超過百年以上（瑪葛酒莊提供）

波都城（City of bordeaux）為了迎合葡萄酒觀光客的光臨，
從上個世界末，整整花費了十年時間「顏面整修」，它現
在可以說是法國最美麗的城市之一。波都城還保有中古世
紀的窄小街道，街道兩旁都是法國名廚所開設的餐館，讓
遊人品嘗正宗的波都烹調（bordeaux cuisine）。波都城的有
軌電車更為遊客帶來不少方便。

以老饕的本身經驗而言，下列有幾點可提供讀者參考：

◆ 預約非常重要，因為可以讓酒莊預先了解參觀的項目，以便妥善安排。不懂法文不要緊，每個酒莊都有英文解說人員陪伴。

◆ 不要想在一天之內參觀好幾個酒莊，最好是早上一個，下午一至兩個。

◆ 很多酒莊週休二日，少數例外，如 Lynch Bages、Pape-Clement、Pichon-Longueville-Baron 和 Smith-Haut-Lafitte。

◆ 要做一個守禮的訪客，不要隨便問一些離題的問題。

◆ 不要寄望酒莊的贈品。

到了法國，除了到波都酒區觀光之外，法國有許多觀光地標值得一遊。不過，老饕覺得，聖邁可寺（Mont-St-Michel Oratory）是一個非常值得去參觀的景點，它對法國人而言，有如埃及人膜拜巨大的金字塔一樣，在法國人心中的份量，不言可喻。

聖邁可寺③位於法國諾曼地西南角，建於西元第八世紀，由當時阿芙連契斯（Avranches）地區主教聖‧奧伯特（St. Aubert）建造。相傳天神阿陳格爾‧邁可（Archangel

③ 見附圖7-2。

Michael）托夢給他，要他在附近一塊孤懸於海上的大巨石上建造一座專門祈禱的寺院。聖・奧伯特起初以為只是一個平常的夢，並不以為意，但隨後天神又托夢兩次，奧伯特不得不相信天神的托夢，立刻到附近出訪，果然發現在其教區不遠的外海處，有一塊龐大巨石高聳而立。於是，他開始動工興建，一共花費二十五年時間興建完成。但主持落成的彌撒大典，已經是第三位主教了！

附圖 7–2：法國聖邁可寺

8

哥本哈根美食

在一般讀者的認知裡，丹麥是一個童話王國。喜歡喝啤酒的人，對丹麥的卡爾斯柏啤酒（Calsberg）或許情有獨鍾。丹麥的奶油酥餅，見證了一代又一代的人，陪伴著他們長大。除此之外，丹麥祖先為了對抗外來的海盜，在國內興建不少堅固的碉堡，以抵禦外敵。時至今日，許多古堡的舊址仍在，遊人從殘垣敗瓦中，可一訪古人遊蹤！

2011年9月間，老饕在加拿大多倫多城，參加由丹麥駐多倫多文化代表處主辦的文化活動節日，主題是「認識丹麥的新風貌」。主講人席斯‧雪伍德（Seth Sherwood）對聽眾說，希望大家要用宏寬的視野來了解二十一世紀的丹麥。他說，大家以往所認識的是「點心丹麥」（danish pastry），現在則完全兩樣，因為丹麥的美食也嶄露頭角。其中最主要的原因是丹麥請了一些國際名廚協助丹麥的餐飲業者，發展出一套適合在丹麥成長的烹調體系；一方面保存本身的特質，另一方面融合外來的廚

藝，以展現新風貌（new cultinary）。

在二十世紀末，首都哥本哈根的中央廣場，原本是一個破舊不堪的公共停車場，也是販毒集中地，最為引人詬病的是，到了夜晚，一片寂靜，成為哥本哈根城的「墓地」（grave-yard）。可是，經過十年的整建，中央廣場已經變成一個多元化的文化集中地。美食，讓中央廣場再生。

中央廣場的再生，並不是很平順。廣場設計人漢斯・彼特・哈根斯（Hans Peter Hagens）在 1997 年時，向哥本哈根市政府提出整修中央廣場的計畫，同時，他還前往瑞典、法國、西班牙、義大利、摩納哥、埃及、土耳其和中國大陸取經；綜合各國所長，以期為哥本哈根打造出一個具有創意的廣場。不過，他的計畫被政治和財務兩個「大石頭」阻擋住，計畫也束之高閣。往後而來的是全球經濟危機，哈根斯的計畫看似胎死腹中，然而，到了 2008 年底，一群新的投資人看上了哈根斯的設計圖案，於是投入了龐大資金，哥本哈根中央廣場在 2010 年 7 月，終於和世人見面。

在新的廣場裡，饕客可以吃到時尚丹麥的有機香腸、有機蔬果，國際烹調餐館也在廣場內開門營客。雪伍德說：你們會相信嗎？丹麥的和風美食和泰國美食，廣受本土和外來客人的喜愛。坐在廣場的咖啡座裡，吃丹麥早點或喝丹麥下午茶，是一種愉快的享受，因為這正好是丹麥點心新鮮出爐的好時段。

1995 年夏天，老饕前往歐洲旅遊，第一站造訪倫敦，當時我國駐丹麥特任代表陳毓駒夫婦正好在倫敦，因為他派駐丹麥之前，是我國駐新加坡代表，大家都很熟悉，也很談得來。異地相逢，格外高興。我們見面之後，談到丹麥的烹調文化。他說：「丹麥的吃，乏善可陳。因為主食都以各式不同的香腸和肉食為主，烹調技術還停留在『學習階段』。在新加坡那段日子還是滿值得懷念的！」不過，他說，騎腳踏車卻是丹麥人的「全民運動」。丹麥全國共有四十萬輛腳踏車在使用，到了假期，全家騎腳踏車出遊是一種最普遍的戶外運動。他對丹麥人熱愛騎腳踏車，留有深刻印象。

陳代表說，丹麥的吃，乏善可陳，那已是二十世紀九〇

年代中的事。老饕聽了雪伍德的話，相信丹麥的飲食文化還在蛻變中。倘若1995年的陳代表回訪哥本哈根，必定有滄海桑田之嘆。

* 我要飛得很遠，飛到溫暖的國度裡去。你願意跟我

　一塊兒去嗎？——《安徒生童話・拇指姑娘》*

食福客詞典　　童話王國丹麥

偉大旅行者的童話世界

安徒生（Hans Christian Andersen, 1805-1875），丹麥作家、詩人，生前曾得到皇家致敬，被讚譽為全歐洲的孩童帶來了歡樂。」

丹麥雕刻家愛德華・艾瑞克森（Edvard Eriksen）根據安徒生童話〈美人魚〉（*The Little Mermaid*），在哥本哈根市中心東北部長隄公園（Langelinie）鑄造美人魚銅像。

安徒生曾在自傳裡說過：「人生就是一個童話。充滿了流浪的艱辛和執著追求的曲折，我的一生居無定所，我的心靈漂泊無依，童話是我流浪一生的阿拉丁神燈。」

9
歐洲時尚美食、美酒

自從歐盟國家給予中華民國同胞享受申根免簽證待遇以來，國人到歐洲國家觀光顯得更為方便，到歐洲觀光是一個時尚名詞，但如何把這個名詞融入旅遊的生命中，卻是一門學問。其中以飲食的學問最大，因為飲食不順，自然會影響旅遊心情。

老饕介紹歐洲各城的美酒、美食，都是以小酌、小吃為主的好去處。很有名的餐館、酒館，只要跟隨導遊就可以找到，但是藏在小城角落的美酒、美食之店，就不一定能夠尋見得到。

＊ 哥本哈根

烈酒 · 熱狗 · 藍紋乾酪

到哥本哈根，一定要去 Le Sommelier 酒館喝丹麥的二種著名烈酒，一種名叫 Aquavit，它有「生命之水」（Water of Life）的詩意，另外一種名叫 Braendevin，它以燃燒之酒（burning wine）而得名。Le Sommelier 是哥本哈根第一

家酒吧（wine bar）。酒吧裡有輕食佐酒，把丹麥熱狗、生菜放在用牛油製成的黑麵包上，這道三明治餐點，丹麥人稱之為 smorrebrod。這兩種輕食，是道地丹麥美食。除此之外，丹麥藍紋乾酪（blue cheese），也很受歡迎。

✻ 維也納

新鮮杏子・果醬

距維也納西北方約四十英里不遠處，有一個名叫瓦丘河谷（Wachau Valley）的地方，那裡可以說是杏子之鄉。每年七月的第二個星期，維也納人把整個星期都奉獻給杏子成熟的時節。維也納人，不管男女老少，其間還雜著外來的觀光客，成群結隊到瓦丘河谷的杏子果園採擷成熟的杏子。樹上成熟的杏子不但肉嫩味甜，其皮中透紅的顏色，也稱之杏子紅（apricot red），配上綠葉，簡直美透了。新鮮的杏子製作成果醬，極為美味；維也納人常把杏子果醬塗在麵包上，搭配黑咖啡，可以說是飲食的「絕配」。到維也納觀光的人，添購幾瓶杏子果醬，將是十分到位的伴手禮。

＊巴黎

麵包・牛油

記得協和號超音速噴射客機首航巴黎——紐約航線時，法航推出了一則廣告，坐在紐約的早餐桌邊，可以品嘗到當天來自巴黎的新鮮麵包。由此可見，巴黎的麵包是多麼受到紐約客的歡迎。

在巴黎第十區（10th Arrondissement）和第三區的麵包店，是以焙烤出法國道地鄉村麵包而蜚聲國內外。品嘗巴黎鄉村麵包，一定要搭配波迪爾低鹽份牛油（bordier butter），才能襯托出雙重美味。

巴黎高檔次美食餐館極多，但最能表達巴黎庶民胃口的美食，莫過於麵包加牛油了！

＊巴薩隆那

野蘑菇

每年 9 月到 10 月間，巴薩隆那城的 La Ribera 區的農產品集中地，每一個攤位都堆滿了小丘般高的野蘑菇，它們都是來自卡達龍尼亞（Catalonia）森林區，由於森林區幅員廣大，土壤自然也不一樣，因此，野蘑菇的味道也不一樣，有些帶苦味，有些帶酸味，有些甚至帶甜味。它

們的形狀也不一樣，有些呈牛奶杯形，有些呈松針形，有些大小如圓扣彈珠。農夫們會告訴顧客野磨菇的煮法。西班牙的野磨菇煎蛋捲（ wild mushroom omelet）最讓人饞涎欲滴。

＊愛丁堡

切達乾酪

世界上最優質美味的切達乾酪（ cheddar cheese）是來自蘇格蘭的愛丁堡。蘇格蘭的切達乾酪在成熟期間，乳酪農們都會用單一麥芽威士忌酒「洗涮」它的外皮（ rind ），讓它成熟之後，更有特色。在愛丁堡的酒館裡，蘇格蘭人喜歡用單一麥芽威士忌酒搭配切達乾酪，也是一種傳統吃法

＊克羅西亞

松露 ①

每到秋天，克羅西亞人都會帶著狗到李瓦德城（ Livade，發音為 lee-vah-teh）郊外的樹林裡去「狩獵」，他們不是去打野禽或獵小動物，而是去尋找松露（ truffle hunting）。李瓦德城是克羅西亞松露交易集散地，其重要性有如比利時

---

① 或稱木菇。

的安特衛普（Antwerp），所有頂級松露都透過李瓦德城的交易網，分送各地（包括國外）。

克羅西亞的松露，要比義大利彼德蒙特的松露更香、口感更好。每年十月，是克羅西亞的白松露節日。喜愛松露的饕客們，都會以「朝聖」（pilgrims）的心情至李瓦德城，領受松露的「洗禮」。

李瓦德城裡的大小餐館，每逢松露節日，紛紛祭出以松露為主題的菜肴，讓來自世界各地松露老饕們品評；最吸引人的是：松露冰淇淋。

＊德國

黑森林火腿

到德國西南區吃黑森林火腿，有如走入時光隧道，品嘗百年以前的火腿。因為在那裡煙燻火腿的方法，百年以來從未改變過。傳統古法依然是煙燻火腿的主流。所謂傳統古法是將火腿煙燻兩天，然後晾乾兩天，隨後再送回到煙燻地窖（subterranean）煙燻兩天，再晾乾兩天，如此循環，直到煙燻味完全滲入火腿肉的內層為止。因此，以黑森林火腿肉為名的品牌，世界各地都有，但只有德國西南區的煙燻火腿，才是正牌的百年火腿！

老饕派駐新加坡時，常到一家希臘餐館吃飯，因為特別鍾愛那家餐館的希臘葡萄酒和道地的希臘菜色。這家餐館是由一對中年希臘夫妻經營，妻主外，夫主內。久而久之，老饕和他們就變成好朋友。有一次，他們對老饕說，你叫我馬克，叫我太太愛蘭就好了，因為希臘文太長且難發音，馬克和愛蘭聽起來會更為親切。

2001 年 4 月間的一個週末，我約了幾位好友到馬克的希臘餐館品嘗希臘國寶級的瑞辛納白葡萄酒（Retsina）和馬芙羅代夫尼紅葡萄酒（Mavrodaphne，發音為 mav-roh-daf-nee）並佐以烤魚、烤羊肉和甜點。我們坐好之後，馬克前來和我們打招呼，然後對老饕說：「本禮，這可能是你最後一次來這裡品酒和嘗鮮了！因為我們決定返回希臘，響應蘇菲亞管理局海外名廚回國的號召，共同為 2004 年雅典奧運打拚！」聽了他的話之後，雖然有點離情不捨，但他有志回國，提昇希臘的餐飲水

準以迎奧運的企圖，絕對是獲得肯定的。

2004 年，可以說是希臘最風光的一年。是年 7 月 5 日，希臘國家足球隊擊敗葡萄牙，破天荒首次奪得歐洲杯足球冠軍，接踵而至的是 8 月份的奧運在雅典隆重開幕，來自世界各國的運動奇才在各類型的運動場上展現他們強烈的企圖心，以奪得一面金牌而笑傲群雄。成千上萬的觀光客，蜂湧擠進雅典，除看表演之外，還要品嘗美酒、美食和遊覽風光。全國都染上了歐洲杯奪冠和雅典世運雙慶的瘋狂症候群！希臘人毫無保留的揮霍、政府漫無節制的預算，為希臘埋下了一顆定時炸彈，歐債是引發這顆定時炸彈起爆的信管。看著希臘政府為了取得歐盟的救濟金而屈膝的樣子，2004 年的「民族尊嚴」蕩然無存，可以說是希臘歷史悲劇的現代版。

2011 年暑假，老饕夫妻在舊金山灣區智媛家小住，有一天，她帶我們到柏克萊校區附近的一家希臘餐館小吃。因為老饕知道蘇菲亞管理局號召希臘海外名廚回國打拚的一段往事，於是就和餐廳主廚伊喀斯談起「名廚班師回朝」這條引起轟動的「舊新聞」。伊喀斯說，2004 到 2006 這

三年間，希臘本土名酒和美食曾經引領風騷，廣受歡迎。可是，經濟起飛（澎風）的結果，讓外來的美酒、美食「入侵」。法國、西班牙和義大利的葡萄酒，漸漸取代了瑞辛那白酒和馬芙羅他夫尼紅酒的地位。而這三國的美食，是希臘人餐桌上的「新寵」。慢慢的，它們像蛀蟲般的腐蝕了希臘本土的餐飲版圖。銀行信貸放寬，讓「假有錢」的希臘人紛紛出外旅遊，靠本國人支撐的傳統觀光市場生意也隨之凋零；於是，像他一樣的烹調能手，也只能向海外發展了。從回歸到外移，也只不過是短短的十年間，這齣「希臘悲劇」上演得真快。

其實，希臘整個國家充滿了吸引人的傳奇故事和自然美景，而且還擁有一段人類古老的光榮歷史。的確，希臘充滿了傳奇色彩，不論是大都市或小城鎮，是本土或外島，每一個單元的本身，就是一段淒迷的浪漫故事。因而才會吸引詩人和文豪，寫下了不少傳誦千古的詩篇。其中以荷馬史詩為最，〈木馬屠城記〉（*Helen of Troy*）這部電影更把希臘人格化，變成英雄和美人的典型希臘悲劇。當希臘政府向歐盟提出紓困要求的時候，因為條件苛刻，徹底摧毀了希臘人的民族尊嚴。希國有識之士提出，希

臘有無盡的風光美景，可以用觀光金圓來彌補巨額的國庫虧損，觀光也可以帶動相關產業。可是，用慣未來錢的希臘人，要他們勒緊褲腰帶卻是一件難事。誠如古諺所說：「由儉入侈宜、由侈入儉難。」看希臘人街頭暴動，抗議撙節開支，正好印證了古諺所言非虛的道理。

希臘，曾經是一個觀光大國，如今好景不再，也是悲劇的現實寫照。

＊ 希臘七哲名言錄 ＊

Ⅰ 梭倫（Solon）：「避免極端。」

Ⅱ 契羅（Chilon）：「認識你自己。」

Ⅲ 泰勒斯（Thales）：「水是最好的。」「過分執著穩健只會帶來災難。」（這位哲人曾經預言過公元前 585 年的日蝕）。

Ⅳ 畢亞斯（Bias）：「人多手腳亂。」

Ⅴ 克留孛拉（Cleobulus）：「凡事取中庸之道。」

Ⅵ 庇塔庫斯（Pittacus）：「緊抓時機。」

Ⅶ 佩里安德（Periander）：「行事前要三思。」

以「閱人多矣」來形容多瑙河最為恰當。這條
歐洲第二長河①，流經八個歐洲國家，並經過
三個國家首都，長達二千八百公里，源起於
德國黑森林區萊茵河，由羅馬尼亞出口，流
入黑海。在歐洲而言，多瑙河是一條看盡歷
朝歷代更迭起伏、昇平時代的繁榮、戰亂時
代烽火遍野的歷史長河。

歐洲人常說，多瑙河是歐洲文化的生命之血。
河流所經之地，都蘊藏著數不清的文化寶庫，
讓後人去探索、開採，然後發揚光大。於是，
多瑙河的夢幻之旅，也成為當前歐陸旅遊的
時尚。

多瑙河發源於德國黑森林區，然後往東流。
首經奧地利之後，因山形地勢的關係，多瑙
河變成一個穿山鑿石的巨人，硬是把群峰關
成峽谷，為日後的先民，開拓一片可耕之地。

多瑙河流出奧地利而進入捷克，水勢急湍洶

---

① 僅次於俄國伏爾加 Volga。

湧，河流穿透群山，形成氣勢雄偉的峽谷，只有壯麗的風景，而無河川灌溉之利。

多瑙河的中游，也就是流出捷克、開展入匈牙利之後，是一片平原，加之上游夾帶下來的淤泥，使這片平原成為肥沃的土地。河道分歧，許多支流由此出現，有河川灌溉之利而無風景之美，不過，河道兩岸有不少名城古堡，是多瑙河河川旅遊的重點。因為水流平緩，所以旅遊者多以「寂靜的河水」來形容多瑙河中游，最為恰當。

多瑙河進入塞爾維亞（前南斯拉夫）貝爾格萊德城之後，河道又再度改變。由於境內多山，凡是多瑙河流經的地方，出現因地形而異的峽谷和巨大瀑布，其中最有名的峽谷叫做「鐵門」。多瑙河流出塞爾維亞之後，也就是多瑙河的下游，河道的特性再度改變，成為羅馬尼亞和保加利亞的自然疆界。

多瑙河沿岸自有人居住以來，都以「母親」來尊重它。也因而孕育了多瑙河文明。千年來的古蹟，都留存在多瑙河流經的兩岸，讓後人憑弔。於是，多瑙河夢幻之旅在

①長船構想來自古時維京人的長船。

旅遊市場上成為極好的賣點。

誠如前文所述，多瑙河長達二千八百公里，因為地形的關係，不是整條長河都可以讓長輪（longship）① 川行無阻。多瑙河發源於德國，流經奧地利、捷克、匈牙利、塞爾維亞、保加利亞，最後從羅馬尼亞和俄國接壤處流入黑海。多瑙河孕育了歷史文化，又創造「多瑙河多重觀光景點之河」（the river of multi-tourism destinations）。

附圖11-1：霍布斯堡王朝舊宮，是多瑙河流經各國盛衰的最好見證人。現在舊宮已改為捷克共和國的總統府。

* 多瑙河多重觀光景點 *

① **阿姆斯特丹**

   品乾酪，喝荷蘭海尼根啤酒。

② **金德迪傑克**

   參觀有名的風車和騎腳踏車觀光。

③ **科隆**

   科隆大教堂值得一遊。

④ **柯布蘭茲**

   歷史性的古堡。

⑤ **米爾田堡**

   觀光美食，品嘗德國黑麥啤酒。

⑥ **烏茨堡**

   中古時代建立古堡，氣勢雄偉，不可錯過。

⑦ **般姆堡**

   歷史名城，聳立城中心的哥德式教堂的鐘聲，早晨或
   黃昏聽起來，有若天廷的清音，引人入勝。

⑧ **紐倫堡**

   紐倫堡大審的電影就此拍攝。電影的佈景，成為遊人
   必到的觀景點。

⑨ **瑞堅斯堡**

   可以吃到奧地利的香腸。

＊見附圖11–2。長船旅遊的航程，都會在
上述十四個景點停靠，讓遊人有足夠的時
間參觀和品嘗美酒、美食。

⑩ 巴索

巴索位在多瑙河支流旁，奧匈帝國時代留下來的城堡，
比比皆是。其中最值得一看的是，建築在十三世紀的古
堡，專供天主教主教座堂之用。

⑪ 多斯坦和梅爾格

這兩個城只有一河之隔，在多斯坦可以吃到道地的奧地
利美食和喝到頂級的葡萄酒。過河到梅爾格，可以參觀
天主教大教堂（建於中古時代）。

⑫ 維也納

本篇第五章已詳細介紹。

⑬ 布拉提斯那瓦

目前是史洛伐克亞城市轉型的楷模。它由一個破落的舊
城轉化成現代化的都市，把過去光榮的歷史融入現代化
的建築中。美食和優美的建築，讓遊客飽了口福和眼福。

⑭ 布達佩斯

這是多瑙河夢幻之旅的最後一站。布達佩斯其實是兩
個城的合稱。布達（Buda）是老城，佩斯（Pest）極具
大都會的格局。在佩斯可以看到國家歌劇院和英雄廣
場。在布達可以從漁人山丘（Fishermen's Hill）往上走到
漁人稜堡（Bastion），順便參觀馬賽亞斯大教堂（Matthias
Church）。布達有許多傳統的水療坊。布達也因而贏
得「水療之城」（City of Healing Waters）的美名。

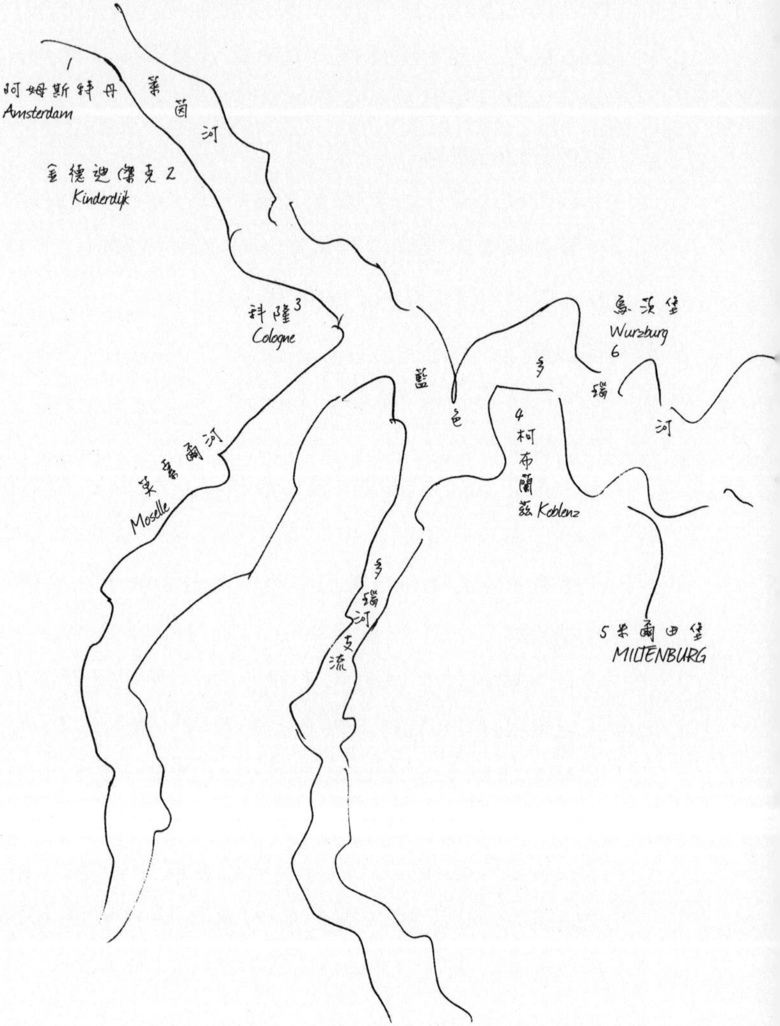

附圖11-2：多瑙河夢幻之旅景點畫

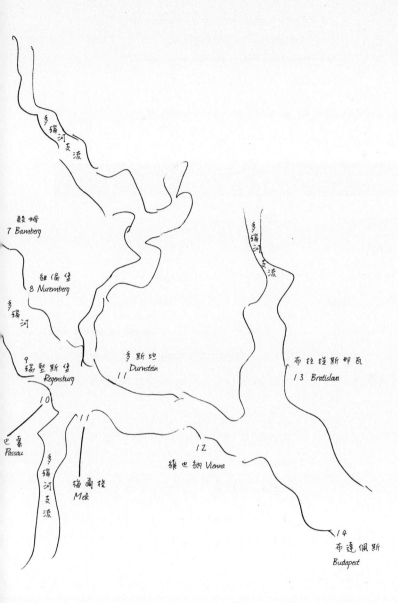

殷姆
7 Bamberg

紐倫堡
8 Nuremberg

多瑙河

瑞堅斯堡
9 瑞堅斯堡
Regensburg

多斯坦
Durnstein

11

布拉提斯那瓦
13 Bratislava

10

巴豪
Passau

多瑙河支流

梅爾格
Melk

12

維也納 Vienna

14
布達佩斯
Budapest

＊ 維也納咖啡族譜 ＊

維也納咖啡種類繁多，現將特別名詞臚列於下，讓讀者在維也納喝咖啡時，心中有一個譜。

咖啡名	特　色
SCHWARZER	味烈的黑咖啡。
MOKKA	二倍黑咖啡，有若 EXPRESSO。
BRAUNER	咖啡加一滴牛奶或奶油。
KAFFEE CRÈME	一杯咖啡，旁邊放小杯牛奶。
EINSPANNER	用玻璃杯盛咖啡，把攪拌過的奶油（WHIPPED CREAM）加上咖啡上。
MÈLANGE	一半咖啡，一半熱牛奶，或者是用乾奶油取代。
PHARISÄER	用玻璃杯盛咖啡，附加糖、可可、蘭姆酒和攪拌過的奶油。
FIAKER	咖啡加蘭姆酒、白蘭地或者是櫻桃酒，用玻璃杯裝盛。咖啡上加攪拌過的奶油和一粒櫻桃。

＊ 維也納式的愜意 ＊

如果我不在家，就是在咖啡館；
如果不是在咖啡館，就是在往咖啡館的路上。
——彼得・艾騰貝格（ Peter Altenberg, 1859-1919 ），奧地利作家。

維也納咖啡館文化之興盛 ——對咖啡館的摯愛

艾騰貝格每日必去的咖啡館是維也納著名的中央咖啡館（ Cafe Central ），據說 Peter Altenberg 在 Cafe Central 吃飯、喝咖啡、看報紙、跟其他文人聊天、辦論、創作，一日之終始都停駐在咖啡館，所以大家都稱他為「 Cafe Writer 」；傳說他在咖啡館嚥下生命最後一口氣息。至今，可見到艾騰貝格塑像和最愛的桌椅依然守護在中央咖啡館。

2011 年，聯合國教科文組織（ UNESCO ）將傳統的維也納咖啡館文化列為非物質文化遺產。維也納咖啡館仍然維持百年以來的待客傳統，形成特殊的維也納咖啡館文化藝術。

在十九世紀晚期至二十世紀初，咖啡館是維也納知識、文化生活的中心。弗洛伊德（ Sigmund Freud ）、克里姆特（ Klimt ）、赫茨爾（ Herzl ）和維特根斯坦（ Wittgenstein ）都是咖啡館裡的常客。

Ⅲ
新世界 ——美國

1

舊金山美食 ‧
黃昏

舊金山是一個迷樣的城市。那裡的霧，會讓遊人有一種霧裡看花的感覺，是那麼的浪漫，是那麼的迷人。到舊金山觀光，絕對不能錯過美食。對吃素的人而言，絕對不能錯過到「綠屋餐廳」（Greens）品嘗一等一新鮮、美味和多樣化的全蔬菜素食。除此之外，從「綠屋餐廳」的落地玻璃窗外，可以看見金門大橋全景。①

舊金山的碼頭區，在沒有整建之前，是一個沒有人想要去參觀的地方。好萊塢巨星史提夫麥昆主演的警匪片 Bullitt 就在那裡拍攝。舊金山警方把重要目擊證人藏在舊碼頭的舊貨倉裡，因為沒有人（指黑道）會去那裡找人。可是，現在的碼頭區以新面目和遊人相見。美食餐館比比皆是，各種不同性質的攤位向遊人招手。

渡輪大廈是碼頭區的新建築物，遊人可以買到舊金山最老字號的義大利家庭製乾肉（cured

① 綠屋餐廳靠近梅森堡（Fort Mason），道路分支彎曲，不太容易找，老饕建議初到舊金山的人，最好是招一部計程車到綠屋餐廳。

meat）。波卡羅尼（Boccalone）家族從1917年開始在舊金山出售義大利乾肉至今。遊人可以到渡輪大廈裡的波卡羅尼店舖，買一包現切的鮮味鹹乾肉，邊走、邊吃，欣賞海灣風景，絕對是一種享受。

渡輪大廈內，離波卡羅尼店舖不遠，有一家店名叫「女牛郎乳酪」，那裡的手工乳酪，成為來自全球各地遊客買回家的最好伴手禮。遊客們也可以在店裡現買新鮮熱烤出爐的大形乳酪三明治，對喜歡吃乳酪的人而言，可說是一種口福。

舊金山饕客常說，如果到加州只吃不喝（指葡萄酒）的話，等於是白來一趟。因為道地的加州葡萄酒和美食相配，可收相得益彰之效。在渡大廈內有一家名叫「大廈廣場葡萄酒店」（Ferry Plaza Wine Merchant），出售當地最優質的辛芬黛白葡萄酒，並設有餐桌，供遊人們品酒和嘗鮮。老饕曾在那裡喝過頂級辛芬黛葡萄酒，並佐以輕食的午餐，是一種享受。

智媛知道她的老爸喜歡品咖啡，有一次她帶老饕夫妻到

設在舊金山區「造幣大廈」（Mint Plaza）內的藍壺咖啡店（Blue Bottle Coffee）品嘗頂級咖啡。她說，舊金山的老饕常說：「不可能在舊金山找到一家不及格的瑜珈授課班和一杯次等咖啡」。她要老饕親臨藍壺咖啡店，驗證一下那句話是否正確；的確，嘗過一杯之後，老饕發現，那是畢生所喝過的咖啡中，最芳香醇醪的一杯。

在過去幾年來，老饕每年都到舊金山探親兼嘗鮮品酒，同時還到灣區景點旅遊。老饕發現，閒雲野鶴般的觀光，只適合沒有時間壓力的遊客，但對於只能「偷得浮生半日閒」的商旅客人而言，又如何能利用只有半天空檔而計畫出最大效益的旅遊節目？以老饕經驗所得，可以為忙裡偷閒的人，製作一份旅遊行程，提供參考。

＊下午五點十五分

造幣大廈內的藍壺咖啡店，品嘗頂級咖啡。

＊下午六點

AT&T球場參觀。半小時的遊程之後，你會恍然大悟，灣區的人為什麼會那樣瘋狂棒球比賽。

＊下午六點卅分

費爾蒙特大飯店（Fairmont Hotel）地下層東加廳酒吧品

當道地波里尼西亞飲料，最讓客人們驚訝和叫絕的是，
酒吧內不時會有雷電交加的情景出現。讓遊人親身體會
南太平洋的自然景觀。

＊晚上七點卅分

朱尼餐館（Zuni）或大道餐館（Boulevard）。後者較貴，

②附圖 1-1：從漁人碼頭眺望舊金山景點──惡魔島，
昔為惡名昭彰的監獄。

前者價位適中。兩家餐廳的美食，達到無可挑剔的水準（impeccable）。

＊晚上十點

到尤熙（Yoshi's）夜總會欣賞爵士樂。

老饕建議　　旅遊知識

如果沒有朋友駕車陪伴的話，最好是招一輛計程車，省時方便。

各景點地址：

① BLUE BOTTLE COFFEE：　MINT PLAZA, 66 MINT STREET

② AT&T PARK：　24 WILLIE MAYS PLAZA

③ THE TONGA ROOM, FAIRMONT HOTEL：　950 MASON STREET

④ ZUNI：　1658 WARKET STREET

⑤ BOULEVARD：　1 MISSION STREET

⑥ YOSHI'S：　1330 FILLMORE STREET

約翰‧埃茲（John T. Edge）是美國南方食物歷史學家。他不但研究南方的人文歷史，同時對南方人的吃和喝，都有深入的研究。埃茲在美國南方喬治亞州梅康城（Macon, Ga.）長大，對南方人的吃及其衍生出來的相關問題，有獨到的見解。

埃茲本人也是一個美食家。每年在 11 月左右，他都會特別在電視美食頻道中為觀眾介紹一年一度南方人慶祝聖誕節的大餐食譜；由他本人設計。除了菜肴精美之外，他最重視南方人的庶民觀。他說，他的菜都是「低調的奢華」（affordable luxury），廣受普羅大眾歡迎。

2011 年 11 月初，老饕有幸，看到埃茲在美食頻道上為觀眾設計本年度的聖誕大餐食譜。他首先說，「南方」（the south）是指從維吉尼亞州到德克薩斯州，再由肯達基州延伸到墨西哥灣。這塊幅員廣大的土地，都稱之為「南方」，而也是南方烹調傳統文化生根的地方。

他對觀眾介紹，2011年聖誕大餐共有四道菜款。前菜是洛克斐勒生蠔，主菜是烤火腿佐以用松露和麥迪拉甜酒煮成的調味醬汁，蔬菜盤用白四季豆和苦澀青菜加奶油烤熟，放在主菜盤旁邊，甜點是布丁。

洛克斐勒生蠔｜Oysters Rockefeller

由來　美國南方生蠔是取美國首富約翰・洛克斐勒之名為招牌賣點。遠在二十世紀初葉，洛克斐勒到路易斯安那州新奧良市安東尼餐館嘗鮮，主廚安東尼親自下廚，為他調配出一道鮮蠔前菜，洛克斐勒品嘗之後，讚不絕口，主廚徵得他的同意，於是取其名作招牌菜。

作法　其實，做道菜十分簡單，先把生蠔剖開，把殼去一半，另一半留下來和蠔肉一起放在烤爐裡烤，蠔上面放煮熟的菠菜，調味料包括大蔥、荷蘭芹、蒜、麵包屑、辣醬油（tabasco）和大茴香酒。埃茲說，上述作法是安東尼的古法，不過，時至今日，創意的廚師把調味料改成燻肉（bacon）、鰻魚醬、萵苣、西洋菜和西洋芹。埃茲建議用中型生蠔最恰當。

搭配　埃茲認為，用2010年南非釀造的倩妮白葡萄酒

相配最好（Chenin Blanc），因為它含有果香和澀酸味，其間還雜有礦物質的土香味，正好和生蠔的鮮味相稱。

烤火腿 | Roasted Pork Leg With Truffled Madeira Sauce *2*

食材 埃茲說，火腿是美國人在節慶日上桌的傳統主菜。不過，火腿卻是大部分南方人生活中不可或缺的主食材。埃茲指出，豬肉其實是庶民食材，它可以做成燻肉或鹽醃肉，但是，豬肉變成火腿就不一樣了。因為人們都喜歡把它做得特別一點，以彰顯身價。

祕訣 當火腿烤好之後，最重要的是調味醬汁，因為吃火腿沒有醬汁的話，味道就顯得單調。埃茲說，他曾在阿拉巴馬州伯明罕城碰到一位南方廚藝大師法蘭克‧史提特（Frank Stitt），他發現史提特是用麥迪拉甜酒和松露煮成的調味醬汁搭配火腿讓他品嘗，他的味蕾告訴他，這是最好的搭配。因此，埃茲把史提特的調味醬汁介紹給觀眾，一起分享南方的美味。

搭配 埃茲建議用蒙達威卡尼魯斯酒廠（Mondavi Carneros）出的2008年份皮諾特‧奴娃紅葡萄酒搭配，最為相稱。

食材　　　南方人在節日餐盤裡所用的蔬菜，均以生澀的青菜為主（green bitters），譬如說，甘藍菜（kale）、芥茉葉、蕪菁葉（turnip greens）。早在十八世紀，南方的非裔美國人都是用上述青葉菜和次等鹹豬肉，如顎骨肉、前腿肉皮等熬湯，然後再配以粗食。可是，現代的人卻發現上述青葉菜含有最高的營養成分，一夕之間，身價陡高。因而變成聖誕大餐的「最佳配角」。不過，埃茲是把上述青葉菜加以白豆和奶油，放在烤箱裡烤。奶汁烤菜（Gratin〔法文〕）也因而有名。

食材　　　埃茲說，美國南方人喜歡用美國波本威士忌酒和焦糖熬成濃汁，澆在麵包布丁上，香噴可口。埃茲建議，要用陳年波本威士忌酒最好。因為有陳香味。

埃茲在節目結束前，還在螢幕上顯示上述四種聖誕大餐菜的照片，歡迎觀眾採用。

最後，他說，在庶民觀念日漸由南方傳播到全國各地時，這一份低調奢華的食譜，或許會成為美國人慶祝聖誕節的聖誕大餐美酒佳肴。

附圖2-1：美國南方人最喜愛的甜麵包布丁加波本酒做的甜漿汁

3
美國餐飲界奇人
荷西‧安德瑞

美國是一個機會之國，只要有一技之長，不怕找不到「金礦」，荷西‧安德瑞（Jose Andrés）就是一個最好的例子。安德瑞到美國挖金時，只不過是一個身懷烹調絕技的高手，但也是一個對前途充滿迷惑的年輕人，那時他才二十三歲。1993 年，也就是剛到華府的第二年，這匹千里馬被伯樂相中，開始展現他的長才。2008 年，他為美國公共電視主持了一個名叫「西班牙製造」（Made in Spain）的烹調節目，一共有二十六個單元。這個節目一推出之後，廣受大眾歡迎，特別是西裔美人，對他為之瘋狂。① 他的烹調食譜隨著電視的收視率，在一夕之間洛陽紙貴。安德瑞的餐飲王國從華府開始擴張到拉斯維加斯。

安德瑞 1969 年 7 月 14 日出生於西班牙米爾瑞山城的一個中等家庭。米爾瑞山城四周圍繞著美食餐館，給他日後帶來很大的啟發。安德瑞幼受庭訓。他在公共電視的節目中回憶：小的時候，父親好客，因此他的工作是負責

① 指以西班牙為母語的拉丁美洲移民。

照顧火爐，除此之外，不讓他做其他任何事情。有一次，他非常生氣，向他父親抱怨，為甚麼只讓他管火爐而不能做其它的事。他父親對他說：「荷西，你的工作是照顧火爐，如果沒有火的話，我就不能煮菜了！記住，這就是你最重要的工作！」安德瑞把他父親的話記得非常清楚，專注工作也成為他日後工作的座右銘。

十五歲那一年，安德瑞說服了他的父親，讓他前往巴薩隆那就讀剛成立的烹調學府，他沒有意願完成高中學業。安德瑞在巴薩隆那烹調學府就讀時，是經常逃課的學生。他逃課並不是游蕩，而是到圖書館裡找尋資料、一早即到市場觀看屠夫們如何把牛羊肉去骨。除此之外，還到巴薩隆那大餐廳打工，學習經驗。他說，他很幸運，還在就學時，居然在巴薩隆那唯一的米其林三星級餐館找到一份學徒工作，這份工作也改變了他一生。

二十三歲那年，他到了華府一家西班牙餐館工作，主要負責前菜的準備和烹調。對安德瑞而言，這是大才小用。工作半年之後，他的老闆看他才藝俱佳，而剛好有一家拉丁美洲餐館要出讓，安德瑞就抓住了這個機會，以股

東身分入主這家餐廳。眾所周知，華府有不少拉丁美洲國家使節，他們都是西班牙菜肴忠實擁護者。於是，安德瑞把這家出讓的餐廳改名為 Jaleo，隨後推出「新拉丁新貴食譜」（Nuevo Latino Menu）。食譜內容包括中美洲、南

美洲和加勒比海等地的口味，Jaleo 的生意也就水漲船高。安德瑞的名字開始在華府傳揚開來。安德瑞的廚藝團隊由是成立，並負責在華府教導廚師們做好西班牙菜的基本功。由於業務量上升，安德瑞的事業版面從美國東岸擴張到西岸。以他為名的公司也正式上市。時至今日，他的公司擁有超過八百名以上的員工，年度收入達七千萬美元。不僅如此，2005 年，安德瑞在西班牙推出他自己的電視節目，名叫「讓我們來烹調吧！」②，這個節目一共有二百六十五個單元，播出之後，安德瑞也成為西班牙家喻戶曉的烹調風雲人物。

安德瑞除了主持他的餐飲王國事業外，也是一個社會工作的志工。他經常參加白宮的公益活動。他最支持第一夫人米歇爾推動的「抗痴肥運動」（Anti-obesity Campaign），並在白宮拍攝「烹調健康食物」的錄影帶，提供給相關慈善機構使用。

安德瑞名氣愈大，做的公益事愈多。他還負責華府訓練烹調課程，上課的人多數是一些等候救濟的人。到目前為止，有不少畢業生在他的餐館工作。除此之外，他和一

② Vamos a Cocinar（西班牙文），
Let's Cook（英文）。

些西班牙公司合作，研發太陽能烹調器具送給窮困國家，讓他們在有能力自求溫飽的同時，而不會減損他們的天然資源。安德瑞對這項革命性的研發寄以高度期待。③④

老饕建議　　安德瑞在華府的名餐廳

安德瑞在華府的名餐館一共有四家，特色名稱如下：

① CAFÉ ATLÁNTICO：拉丁新貴菜為主。

② JALEO DOWNTOWN：以西班牙少吃多滋味碟數繁多的西班牙菜（TAPAS）而有名。也是他的首創。

③ OYAMEL：墨西哥菜為主。

④ ZAYTINA：希臘、土耳其和黎巴嫩菜為主。

③ 自 1993 年以來，西班牙 TAPAS 風行美國。
④ 摘自美國公共電視節目。

加州的夏多妮白葡萄酒園區的園主們，從
二十一世紀頭十年開始，就不斷嘗試各種新的
栽種和釀造巧技，以期突破舊有的規格，讓
加州夏多妮白葡萄酒走出傳統的框架。2010
年，他們終於獲得深厚的回饋，不論是葡萄
栽種、釀酒方法以及市場行銷，都有技巧性
的轉移（subtle shift），而2006、2008及2009
這三個年份的夏多妮白葡萄酒被酒評家公認為
近十年來最優質的好酒。

加州夏多妮葡萄園區以蘇奴瑪河谷的園區最
為優美。從舊金山開車北上，第一個到達的
園區名叫卡尼羅斯（Carneros），它位在蘇奴瑪
河谷的最南頂端，因為還是靠近灣區，沒有
炙熱的太陽，所以與內陸葡萄園區大異其趣。
卡尼羅斯園區範圍不大，但是其周邊的風景
宜人，即使是仲夏到了卡尼羅斯葡萄園裡參
觀，也不會有暑氣逼人的感覺，反倒是和風
吹來的葡萄香，讓人飄然入醉。

卡尼羅斯內的試酒區，陳列了09年份的頂級夏多妮的葡萄酒，讓酒客品嘗。老饕從品酒師（Sommelier〔法文〕）的介紹中得知，卡羅尼斯09年的夏多妮白葡萄酒從葡萄發酵開始，就不用橡木桶，而也沒有乳酸性發酵，因此，酒質清新可口。調酒師說，一般夏多妮白葡萄酒具有濃厚的牛油香和堅果香味，其中以法國的穆蘇（Meursault）夏多妮為最。①但是09年的卡羅尼斯夏多妮白葡萄酒卻反其道而行，以清新味吸引顧客，味道有青蘋果的香澀口感。老饕試過之後，向調酒師說，這是第二代的夏多妮白葡萄酒，他說，的確不錯。

出了卡尼羅斯葡萄園之後，就進入蘇奴瑪河谷區。在高速公路兩傍，盡是一望無垠的葡萄蔓，葡萄莊園的告示牌比比皆是。大葡萄園的告示牌甚至還標出，目前的位置距離園區還有多遠，讓遊人心裡有個譜，不會錯失出口而無法進入園區。儘管有人形容蘇奴瑪河谷葡萄園區活在那拔河谷葡萄園區的陰影下，這種說法卻有言過其實之嫌。蘇奴瑪河谷名葡萄酒莊林立，而且也出產頂級紅、白葡萄酒。美國最知名 E&J Gallo 超級葡萄莊園就設在蘇奴瑪區，它是世界最大的葡萄酒生產區，佔加州葡萄酒產量百分之六十。E&J Gallo 本身在蘇奴瑪酒區設有葡萄園，出產頂

① 是一種很濃而澀的葡萄酒。

級卡伯尼特和夏多妮；稱之為「北蘇奴瑪莊園」（Northern Sonoma Estate）。

蘇奴瑪河谷最北端就是曼都辛諾酒區。這一段路程也是葡萄園遍地，不過，因為它接近內陸，夏季烈日極不好受。很多饕客都是選擇在酒區的旅館裡住一個晚上，利用清晨和黃昏的時間，到葡萄園參觀，並在酒區附近的餐廳品嘗「加州葡萄園食譜」（California vineyards' menu），是一種另類享受。②

蘇奴瑪酒區品酒師詹姆斯・勞比（James Laubee）特別推薦了二十一種九十分以上的極品夏多妮白葡萄酒給好酒之人，老饕列出五種夏多妮白葡萄酒一嘗酒客舌尖味蕾。

1 ｜ MARCASIN 酒莊

蘇奴瑪河谷瑪卡辛酒莊 2006 年份夏多妮白葡萄酒。
評分九十六分。

②加州葡萄園食譜在各酒區的餐廳都有。只不過是名稱相同，內容不一樣而已。最主要是以特別的葡萄酒搭配特別菜肴。這種做法，是要饕客在每一個不同酒區，吃到菜單名字相同，內容不一樣的新奇感！

2 | PETER MICHEAL 酒莊

蘇奴瑪河谷彼特‧魯茲2008年年份夏多妮白葡萄酒。評
分九十六分。

3 | MAYBACH 酒莊

蘇奴瑪河谷梅巴克2009年份夏多妮白葡萄酒。評分
九十五分。

4 | MOUNT EDEN VINEYARDS 酒莊

夏多妮白葡萄酒，2008年份。評分九十五分。

5 | PAUL HOBBS 酒莊

蘇奴瑪河谷Cuvee Agutina Richard Dinner葡萄園2008年份
夏多妮白葡萄酒。評分九十四分。

在舊金山郊區有一個名叫胡桃溪（Walnut
Creek）小城，居民多數是中上收入的白領階
級，他們對飲食文化自有品味。不要小看這
個只有十來萬居民的小城，裡面餐館林立，
從中東到拉丁美洲、法國到西班牙、日本到
中國大陸，各式不同的胃口，讓居民享受到
飲食文化的串連，可以進一步增進不同族群
間的了解，以減少因誤解而增加對立的真諦！

過去五年來，智媛住的地方離胡桃小城不遠，
她常帶老饕夫妻去那裡嘗鮮。因而遍嘗墨西
哥菜、法國菜、美式加州菜，甚至古巴菜。
小城餐館的最大特色是服務一流、裝潢別具
一格，美食、美酒的品質自然不在話下。

2011年11月，在返國前夕，智媛和女婿舜希
特別安排老饕夫妻和親家到一家以時尚為主
題的餐廳舉行送行宴。這家餐廳名叫Va de Vi
Bistrol & Wine Bar，它是以西班牙小吃（tapas）
和融合菜肴（fusion）而引領風騷。這家餐廳在

2009 年開張，一直以來，門庭若市，門外顧客大排長龍
等候入座是習以為常的事。他們並不抱怨。

Va de Vi 的外景，有一顆三百五十年的老橡樹，特別吸引
人目光。當時正好是美國人準備慶祝感恩節和接踵而至的
聖誕佳節，餐廳為這顆比美國歷史還要久的「人瑞」布置
新裝，樹上掛滿閃亮的金球燈泡，在夜晚閃閃發光，好
像是和星、月爭輝似的，特別引人注目。

走進餐廳之後，立刻感受到一股浪漫和新潮的氣息。四
週氛圍讓顧客們有一種舒適感。領班帶大伙兒坐定之後，
調酒師即前來為顧客介紹 Va de Vi 的各類葡萄酒特色，①
因為老饕的親家喜歡喝紅葡萄酒，調酒師介紹了一瓶頂級
2002 年皮諾特‧奴娃（加州瑪卡辛酒莊出產）給大家嘗
試。老饕告訴他說，老饕最近寫了一本《從酒杯裡看世界》
的書（*Journey to the World Through a Wine Glass*），其中有一
節是介紹瑪卡辛酒莊和它所釀造的皮諾特‧奴娃紅葡萄
酒。他一聽之後，立刻對老饕肅然起敬，並說：「還好我
沒有介紹錯酒！」

Va de Vi 的 Tapas 非常有名且叫座。它不是以量取勝，而

① 只有夠格的餐館，才會有專業的
調酒師為顧客服務。

附圖5-1：三百五十歲高齡的橡木樹

是以精緻小品贏得顧客們的「讚」聲。那天的今日特別菜
肴（指主菜）是烘烤阿拉斯加黑鱈魚（Roasted Alaska Black
Cod）。因為一桌有七個人，共點了二份。大伙嘗試之後，
果然讚不絕口。由於在位諸人除了老饕夫妻之外，都要
開車，喝酒不能過量，只有老饕特別點一杯瑪卡辛酒莊
的夏多妮白酒相佐，真是絕配。老饕點的是 2006 年的夏

多妮白酒；因為它有高度煙燻橡木味，正好和烘烤的阿拉斯加黑鱈魚淺淺炭香味相互融和，它的餘味（long finish），有口齒留香的圓潤感。

Va de Vi 的脆皮燒豬（Crispy Pork Belly）的作法，和華人的燒豬作法大異其趣。據領班告知，烤豬的師傅來自西班牙，他和華人的廚藝一點關係都沒有。他烤出來的脆皮燒豬，連老廣親家都讚不絕口。他用廣東話說：「冇得頂！」意思是說，無法相比。

Va de Vi 的「朱古力蛋奶酥」（Chocolate Souffle〔法文〕）也引人入勝，好譬是歌劇的精彩完結章。讓人回味無窮！

那天晚上的美食、美酒，不禁讓老饕默想：美國的飲食文化革命，是不是已經默默在進行？

6
那拔河谷酒莊

初到那拔河谷（Napa Valley）酒莊旅遊的「愛酒人士」（wine lovers），必然會為一個問題所迷惑：「那拔河谷幅員廣大，酒莊何其多，到底要如何選擇，才是上策？」的確，這是一個挺有趣的問題。以老饕本身體驗而言，花了十年時間，才找出一個頭緒，對一個初次到那拔河谷品酒嘗鮮的人來說，或許有點超過。當然，就教旅行社未嘗不是一個辦法；問題是，旅行社和酒莊的「連線」，很可能並非如訪者所願。

自2000年以來，老饕每年暑假都會到舊金山探親，然後順便到那拔河谷酒莊做選擇性的旅遊，每年夏天，到訪的酒莊都不一樣。有些是以風景、品酒取勝；有些是以品酒、嘗鮮，共造雙贏；有些則是以歷史性地位著稱。每次參觀之後，老饕都會做一些筆記，把品酒、嘗鮮和參觀的心得紀錄下來。以防偶爾的「失憶」，漏掉美好的人生品味片段。

老饕把過去十年來的經驗做一個簡單的總結，提供給有志前往那拔河谷參觀的人做一個參考。參考共分成兩部分：

首次前往那拔河谷參觀酒客們的一日遊

＊Napa for New Comers

老饕認為，羅拔・蒙岱維酒莊（Robert Mondavi Winery）值得一試。羅拔・蒙岱維酒莊的建構，就是兼俱「導遊族」和「多次旅遊族」而設置的。初去的人，可以在園內聆聽專業導遊員講解蒙岱維酒莊的特性、釀酒的技巧、以及酒莊所釀造的名葡萄酒。隨後，「首遊族」大伙兒到試酒室試酒。到蒙岱維酒莊參觀還有一個好處，要是碰巧的話，還可以聽到的演唱會和看到的特殊表演節目。①

到蒙岱維酒莊參觀之後，還可以到鄰近的貝陵格酒莊參觀試酒，蒙岱維酒莊和貝陵格酒莊都在聖海倫區（St. Helena）。貝陵格酒莊讓遊客驚豔的是莊園內的建築物都是十九世紀的「產物」。遊客到來時，導遊都會給每一位「首遊族」一份園區地圖，地圖上標名景點的特色，其中最吸引人的地標是「萊茵之家」（Rhine House），裡面的陳設，均為十九世紀的精緻製品，②充分表露出創業莊主

①請參看楊本禮：《從酒杯裡看世界》一書相關內容。
②請參閱楊本禮：《葡萄美酒風華錄》，臺灣商務印書館，2008 年。

的品味。導遊常用幽默的口吻說：「還好，禁酒時代的瘋狂野火，沒有燒到這裡，否則的話，各位也就不會欣賞到這麼多的歷史性的酒文物了！」

老饕覺得，愛美酒的人，也是愛美食的人。因此，到了聖海倫娜地區參觀酒莊而沒有去芥茉烤肉餐廳（Mustards Grill）嘗鮮，那麼，「首遊族」是白當了！

老饕的親身經驗：為「品酒族」設計的那拔河谷五日遊的參觀族程。③

第一天

對「首遊族」而言，第一天開始參訪，選擇大型葡萄莊園比較實際。不過，一些有名的小酒莊，也是一個好選項。④

第二天

到魯瑟福特酒莊（Rutherford Winery）品嘗卡伯尼特美酒。眾所周知，在那拔酒區，卡伯尼特是酒王（Cabernet is king.），而魯瑟福特酒莊的卡伯尼特紅酒，卻是以專注而有名。酒莊參觀完畢之後，可以到附近餐館，品嘗頂級卡伯尼特紅酒。

③ 那拔河谷距離舊金山不遠，五日遊的行程可以分成每天參觀一個區，而無須在酒區附近的旅館過夜，當然，選一天住在那裡，也是十分值得。
④ 見附圖 11-1。

春季之山（Spring Mountain）是在聖海倫娜山丘之頂。風光十足，特別是春天到臨，花香加葡萄蔓香，空氣清新怡人；到了秋天，結實的葡萄掛在葡萄蔓籬上，一片紫綠色將整個聖海倫娜打扮成一個絕色少女，即使不品酒，也會有怡情之醉。春季之山有不少葡萄莊園歡迎遊客到訪，訪客可以在酒莊內的熟食店買些三明治和葡萄酒，然後坐在野餐營區內品酒，並眺望山丘下如畫的風光，實在值得多次造訪。

第四天

到卡尼羅斯酒莊品酩汽泡酒（即香檳酒）。卡尼羅斯酒莊除了釀造出頂級的皮諾特・奴娃和夏多妮之外，它也成功釀造出加州頂級的汽泡酒。愛喝汽泡酒的訪客到試酒室品嘗過汽泡酒之後，保證會買幾瓶帶回去細細品嘗。

第五天

參觀那拔河谷具有歷史性建築的酒莊，以便了解加州葡萄酒的一段滄桑史，更可以了解「從那裡跌下去，從那裡站起來」這句話的實質意義。

7

銀礦區路徑上的
特殊酒莊

讀者對加州淘金熱的故事耳熟能詳，但鮮有人知道加州也曾掀起過淘銀熱的狂潮。因為金比銀貴，而且淘金加上牛仔的西部片渲染，自然而然就把淘銀的歷史湮沒。不過，銀礦雖失色，銀礦區路徑（Silverrado Trail）沿途果實盈盈的葡萄園和多元化的酒莊，為這條繁景不再的老路，注入了生機。

2011 年 8 月下旬，智媛陪老饕夫妻到那拔城用過午餐之後，隨即上路，沿著二十八號公路開往銀礦區路徑上的葡萄園區，參觀兩家葡萄莊園和試酒。第一家有四十年歷史，名叫史塔爾特茲納葡萄莊園（Steltzner），它是一個小型酒莊但釀出來的酒特別好。在試酒的時候，試酒師告知，四十年前，現在的葡萄園區是一個大型牧場。由於牧場場主的下一代，無意經營牛仔生涯的畜牧業，場主只好把它公開出售，而現任的園主看中那塊面積寬闊的土地，透過經紀公司把它買下來。從新翻地整理，並開闢灌溉系統，栽種葡萄，

把牧場改變成一個葡萄園莊。

試酒師告知，為了慶祝四十週年，史塔爾特茲納莊園特別把2005年出的極品卡伯尼特·蘇維翁列為旗艦酒，作為紀念。建園之初，莊主就下定一個目標，專注於卡伯尼特·蘇維翁葡萄栽培，經過二十多年來的細心維護，史塔爾特茲納莊園卡伯尼特·蘇維翁紅葡萄酒終於闖出一片天地，成為莊園鎮寶之酒（estate wine）。

老饕在試酒的時候發現，只需付十元美金，即可試品莊園釀造的三種好酒，但旗艦酒（flag wine）不包括在內。於是老饕問：「要想試飲旗艦酒，必須付什麼價錢？」試酒師告知：「二十塊美金一杯。」他補充說道：「你若試過，一定會買幾瓶回去自己欣賞，或當伴手禮送給親朋。」① 於是，老饕買了一杯試喝，果然是頂級好酒。酒質圓潤，餘味尤香。試飲之後，買了六瓶帶回智媛家，準備請她的公公、婆婆來吃飯、品酒。因為親家翁特別喜歡加州紅葡萄酒。

從 Steltzner 出來，繼續沿銀礦區路徑下行，準備前往倫鮑

---

① 最多只能買六瓶。

爾酒莊參觀（Rombauer Vineyards）和試酒。倫鮑爾酒莊的小徑很難找，一不小心，就會錯過路口，然後再折返。碰到塞車時，一個轉折，就要花上好幾十分鐘。小女那天也開過頭，還好那天並非週末，而且發現得早，因而在短短時間之內就回到錯過的莊園入口處，順著指標，朝山丘頂開上去。

倫鮑爾酒莊建在山丘頂上，沿著曲折小道開車，可以慢慢欣賞道旁的扶疏花木，先培養好品酒心情。到了山頂，代客泊車的服務人員很有禮貌地把車子開走，於是大伙兒就順步走進試酒室。倫鮑爾酒莊只有試酒室，葡萄莊園分散在那拔河谷各地，一共有七個葡萄莊園，釀造各種美酒。

2011 年 8 月，正好是倫鮑爾酒莊成立三十週年。它是由一個家庭獨資的酒莊。倫鮑爾沒有投資葡萄酒事業前，曾是一個出色的飛機駕駛員；因此，試酒室的牆壁上，掛了不少他和名人的合照。走進試酒室時，有一行引人注目的小字，它說：「穿越難找的道路來到這裡，最好的回饋是品嘗濃厚牛油香味的夏多妮白酒（Buttery Chardonnay），以及欣賞美麗的景觀。」

附圖 7-1：
攝 於 Steltzner 酒
莊試酒室前

附圖 7-2：
攝 於 Rombauer 試
酒室前

倫鮑爾慶祝建莊三十年的旗艦酒是 2007 年卡尼羅斯梅樂紅葡萄酒，而 2010 年的夏多妮白酒，稱之為「莊主之酒」（proprietor chardonnay），品酒顧客限購兩瓶，會員限購四瓶。老饕的大女兒智婷最喜歡品嘗濃厚牛油香的夏多妮白酒，於是買了兩瓶準備做為禮物。旗艦酒和酒莊之酒都不是在試酒的範圍內，而且時間也很緊迫，老饕又買了兩瓶旗艦酒之後，就準備打道回舊金山。可是，一踏出試酒間，放眼望去，近在眼前爭奇鬥豔的花朵、遠眺丘陵起伏的葡萄園，及莊園內豎立的奇特建築物，透過即將西沉太陽所發射的紅色陽光，讓老饕看得如痴如醉。難怪莊園園主會說：「這是最好的回饋！」

靠天吃飯，幾乎是葡萄農們的宿命（其實，其它農夫們又何嘗不然！），誠如俄立崗州葡萄農肯·萊特（Ken Wright）笑顏逐開說：「要想成功的話，我們需要好運，而我們受到眷顧了！」

俄立崗州是美國出產最優質皮諾特·奴娃紅葡萄酒的一州，因為氣候和土壤使然，它的風土（terroir）和法國布根地區極為相像，因而俄立崗州的葡萄農們，早在二十世紀的八〇年代，就成群結隊前往布根地葡萄園區「取經」，並帶回葡萄蔓，移植在俄立崗州的威廉米特河谷（Willamette Valley）。歲月匆匆，現在俄立崗的皮諾特·奴娃紅葡萄酒，不論是質地和銷售量，均列名列前茅，其中以2008年份是冠中之冠。

2008年威廉米特河谷區出產的皮諾特·奴娃紅葡萄酒的特色是：酒精濃度約在百分之十三到十四之間。澀度適中。單寧酸度剛好飽和①。味道圓熟，但仍保有清新口感。取得

---

① 這點是非常重要的一環，過高的話，酒味會過澀，過低的話，不宜久存。

非常好的平衡點。2008 年試酒評審的結語是：酒的光澤度透晰，入口柔順、紅潤度夠，最重要的是，入口後的餘香非常持久（long finish）。俄立崗州艾德爾舒英酒廠的調酒師戴夫‧佩吉（Dave Paige）在 2011 年 2 月的酒評會說：「2008 年俄立崗州的皮諾特‧奴娃紅葡萄酒，還可以收藏五年後再喝。」

目前，俄立崗州共有十六個葡萄栽培區，除威廉米特河谷之外，其它的葡萄園也在種植皮諾特‧奴娃葡萄；除此，也栽種其它葡萄如夏多妮葡萄和皮諾特‧葛瑞斯葡萄，專門為釀造白葡萄酒之用。

當十八世紀美國興起向西部開發熱之時，移民出了米蘇里州之後，就分了兩條路線西行。一條是跨越碌磯山脈和猶它州大沙漠而抵達舊金山，也就是現在的八十號公路。另一條則是「俄立崗拓荒路線」（the Oregon trail），它是由美國探險家「路易士和克拉克」（Lewis & Clark）開拓而成。這條路線是出了密蘇里州之後，溯哥倫比亞河往西北行，最後抵達俄立崗州。哥倫比亞河谷也成為日後俄立崗州的農業生產區，俄立崗州的葡萄耕種由是而成。哥倫比亞

河谷釀造的不是皮諾特・奴娃紅葡萄酒，而是夏多妮白葡萄酒，其中以菲立甫斯水灣葡萄園最為有名。它的酒質優美，極具魅力。南俄立崗州氣候較熱，因而栽培出極品舒拉（Syrah）紅葡萄酒，在魯格河谷（Rogue Valley）為岱爾・瑞奧葡萄園（Del Rio）釀出舒拉紅葡萄酒是為極品（2008 年 ）。

從 2001 到 2009 這九年間，威廉米特河谷釀造出來的皮諾特・奴娃紅葡萄酒都獲得極高評價，現列表出來，給讀者做為參考。

評價

威廉米特河谷｜皮諾特奴娃紅葡萄酒

1

年份	2009 年
評分	89-92
評語	味道濃烈，酒本身結構不夠稠密
收藏年份	立即喝

2

年份	2008 年
評分	97
評語	酒味芳香圓潤，口感特佳。
收藏年份	現喝或久藏

3

年份	2007 年
評分	84
評語	酒性溫醇
收藏年份	現喝或久藏

4

年份	2006 年
評分	90
評語	味道圓熟，果香味清新，不澀。
收藏年份	現喝或久藏

評分標準

95-100	CLASSIC	經典
90-94	OUTSTANDING	傑出

5

年份	2005 年
評分	93
評語	酒味非常調和適中
收藏年份	現喝或久藏

6

年份	2004 年
評分	94
評語	酒色清晰，味道清醇，味道調和適中。
收藏年份	現喝或久藏

7

年份	2003 年
評分	88
評語	有些酒好，但大多數葡萄過熟。
收藏年份	宜現喝

85-89	VERY GOOD	十分好
80-84	GOOD	好
75-79	MEDIOCRE	中等
50-74	NOT RECOMMENED	不予推薦

8	
年份	2002 年
評分	96
評語	酒味、酒色超好。
收藏年份	宜現喝

8	
2001 年	
評分	93
評語	有些酒莊的酒非常優美，其它則是過量收割，影響酒質。
收藏年份	宜現喝

＊資料來自「葡萄酒觀察家」和「好酒指南」

✻ 送酒禮 ✻

對　象	酒禮選擇
21至30歲	挑選有價值的南澳洲或南美洲紅酒。若要送酒杯，應以達文西品牌高品質的塑膠酒杯並配以卡特爾設計（Kartell Design），可放十六瓶酒的酒架（每十六瓶一組，可以有十個組合）。
31至40歲	最好是挑選義大利和西班牙釀的紅酒，或清純的阿爾薩斯白酒。酒架則以羅申岱爾酒架（Rosendahl Wine Rack）為宜。
51至60歲 住在擁有庭園的房子	1961年份的波都紅酒，或1982年份的任何法國紅酒。如果要送醒酒瓶，則以羅申岱爾水晶瓶（Rosendahl 'Triplex' Crystal Decanter）為最佳。
51至60歲 住在高級公寓	以輕巧或有趣的禮品為佳。舖在店門口的去鞋塵的小地毯上織有「本戶只提供最好年份的酒」（We serve only the finest vintage wines.）等字樣；選擇陳年布根地紅酒最為相宜。

新世界—美國　175

9

沙漠之州：亞
利桑那州圖順城

第一次去圖順城已是四分之一世紀以前的事
了。在記憶中，圖順城（Tucson）的仙人掌飲
料非常好喝。它是用瘦高形仙人掌（Saguaro
〔西班牙語〕）的汁榨出來的。據說，這種稀
有的仙人掌是十七世紀西班牙天主教傳教士從
西班牙引進種植。西班牙的沙漠土壤和氣候，
與亞利桑那州很相似，因而 Saguaro 仙人掌也
就在地生長、繁殖。除仙人掌飲料之外，西
班牙人和印地安人早年調配的食物留存至今，
成為一種特殊美食。菜肴特殊的香辣味，仍
記憶至今。就當時所見、所聞，並沒有聽說
亞利桑那州出產葡萄酒。

2011 年 7 月間，亞利桑那州的葡萄園觀光推
展團到舊金山推廣，智媛從網頁上看到這則
新聞，於是利用週末，帶老饕夫妻去「聆聽」。
從前她到圖順城觀光時，只有五歲，在她的
記憶中，除對驚心動魄的大峽谷留有印象外，
其它空白一片。①

推展團的公關提姆・費許（Tim Fish）負責向

① 請參見附圖 9–1。

聽眾做簡報。他還沒有進入正題之前，首先問在座諸人，有誰去過圖順城訪問？只有我們三人舉手點頭。費許非常驚訝，於是問老饕是甚麼時候去的，老饕告訴他說是1985年，他幽默的回答說：「你們是『史前』的訪客，現在的圖順和以前完全不一樣了！」的確是不一樣，現在有人種葡萄釀酒了。

費許簡報之後，亞利桑那州葡萄園和釀酒莊主托德‧布斯杜克（Todd Bostook）上台和聽眾介紹亞利桑那釀造葡萄酒的前景和所面臨的問題。布斯杜克說，從圖順城往南開車約一小時的路程，就會到達山腳下的葡萄園區，②那裡的葡萄蔓雖然沒有加州那拔河谷那麼繁密，但假以時日，會有更多的葡萄園出現。他說，現在有錢的退休人士都以遷居亞利桑那州養老為時尚。他們的「退休餘款」都拿來投資到種植葡萄的事業上，大面額的「退休餘款」，活絡了釀酒事業。

目前，亞利桑那州釀造葡萄酒的宗旨是：絕對不大量釀造中下品級的葡萄酒，如果事業在開始的時候，貪圖近利而把品牌搞砸，是一件得不償失的事。亞利桑那

①杜山城海拔二千四百呎。

州葡萄園栽種的葡萄品種包括：舒拉（ Syrah ）、摩爾威德（ Mourvèdre ）③、葛瑞那許（ Grenach ）④也是龍河葡萄、田甫拉尼柔（ Tempranillo ）⑤西班牙品種葡萄。以上四種葡萄的身價極高，難怪葡萄酒商都不肯釀中下級的酒了。費許說，亞利桑那州炎熱的天氣並不是問題，最嚴重的問題是結霜和冰雹，這種天然的災害，是誰也擋不住的。看來，靠天吃飯是葡萄農們的宿命，再次獲得明證。

布斯杜克講完之後，費許再度上台，為聽眾介紹圖順城的美食。他說，圖順城的美食是歷史和文化交織的產物。城市中心的餐廳，全是老字號，大約從二十世紀的二〇年代就開始營業至今。其中最有名的一家 El Charro，1922 年開張，長久以來，都以墨西哥菜聞名。它是城裡最具歷史的家族餐館事業。在加州，也有不少墨西哥餐館，若以墨西哥菜的水準而言，還是比不上老字號的 El Charro 廚藝。若有機會到圖順城觀光，不妨前往 El Charro 品嘗一下那裡的墨西哥菜，就知此言非虛。

圖順城原本是一個中型的西部城市，可是，經由過去二十年來的發展，它已經成為一個大都會型的都市。亞利桑

③ 發音為 mor-veh-dr，是法國龍河流域名種葡萄。
④ 發音 greh-nash。
⑤ 發音為 tem-prah-nee-yoh。

那大學就在城中心，三萬七千名學生是推動圖順城進化的原動力。

由於圖順城的發展歷史只有短短的二十年，居民對飲、食方面還在不斷摸索中。費許說，圖順城市中心，有一家酒館，它的特色是教導顧客們如何用極品葡萄酒（premium wines）搭配菜肴。他形容這是一門提升居民飲食品位的新行業。店裡的顧客以銀髮族居多，看來，他們是在生命的餘輝裡，盡量去享受人生。

附圖9-1：
老饕於1985年
攝於大峽谷

新世界—美國

丹尼爾餐館 | Daniel Restaurant

丹尼爾餐館（Daniel Restaurant）是丹尼爾·鮑魯德（Daniel Boulud）「餐館王國」的旗艦餐館（flagship restaurant）。它座落在紐約市的「上流東區」（upper east side），因為那裡住的都是有錢人，「上流東區」之名由是得來。這也是鮑魯德把旗艦餐館設在那裡的主要考量。價位屬高檔次的美食不能阻止趨之若鶩的饕客，若用「食來瘋」這個名詞來形容餐館的盛況，並不為過，因為預約訂位至少要在兩個月以前。

鮑魯德的餐館王國

在鮑魯德的「餐館王國」裡，一共有十二家名餐館分布全球各地。「餐館王國」只不過是一個形容詞，真正的名字叫做「丁尼克斯集團」（Dinex Group）。丁尼克斯集團光在紐約市就僱用了六百七十人，其中有二百三十六人在廚房裡工作，丹尼爾本人也常親自下廚和督導，他認為旗艦餐館的水準要比「傑

① 喬治斯·布朗克（Georges Blanc），烹調完美主義者，法國頂級美食大師，1981 年摘下米其林三星獎。出版多本與廚藝相關的作品。米契爾古拉德（Michel Guérad, 1933-），法國米其林三星名廚、作家。新廚藝 nouvelle cuisine

出」（outstanding）還要再高一個層次。他說：「追求完美是他一生的終極目標。」（pursuit of excellence）。

到里昂餐館做學徒

鮑魯德的發跡，沒有任何奇蹟。完全是個人的天分、努力所加乘得來的。他1955年出生於法國美食之都里昂。十四歲那年，他進入里昂的名餐館做學徒。他事後回憶說，那幾年的辛苦工作，讓他打下了深厚的基礎，對日後的發展有極大的催化作用。有一次，他對紐約時報的美食專欄記者彼德・摩爾（Peter Moore）說，他在里昂餐館工作的時候，追隨名廚如喬治斯・布朗克（Georges Blanc）、米契爾古拉德（Michel Guérad）和羅傑・維吉（Roger Vergé），其心情有如一名美國三級棒球隊球員忽然之間跟棒球天王巨星喬・迪梅喬（Joe Dimaggio）、漢克・艾倫（Hank Aaron）、貝比・羅斯（Babe Ruth）同場出賽，緊張興奮之情，不言可喻。①

認識法國名廚 Jean-Louis Palladin

1981年，鮑魯德從哥本哈根來到首府華盛頓特區工作。最先是私人廚房大廚，專門做外燴生意。不久之後，他

理念的推動者。推出清淡菜 cuisine minceur，一反傳統多奶油濃膩的法式烹飪法。
羅傑・維吉（Roger Vergé），譽滿法國，所著作的烹飪書已被翻譯為六種語言。曾於1969年開設餐廳 Moulin。

認識了八〇年代第一位前來美國開拓法國餐館事業的名廚尚・路易斯・派拉丁（Jean-Louis Palladin）。在派拉丁之前，根本沒有法國名廚前來美國「淘金」。他覺得，派拉丁的法國菜只是平標準桿而已，主要原因是要曲意迎合美國人的胃口。因此，在重量不重質的情況下，廚藝也就無從發揮。

餐館基本要素 ——好酒配好菜

1986 年，鮑魯德在一個偶然的機會裡，來到紐約市主持他自己的餐館，他的才華也因而展現。有一次，他接受「葡萄酒觀察家」記者歐文・杜根（Owen Dugan）訪問時說：「在世界上有很多好餐館，但是好酒配好菜的餐館並不多。我認為法國菜肴要和法國美酒相配，是一件最明顯不過的基本要素。在鮑魯德旗下的餐館，美酒永遠是不可或缺的。」②

偉大廚師必須 ——懂得和諧的韻律

鮑魯德對杜根說：「一個偉大的廚師的首要工作是，要讓自己的工作顯得愉快，同時要懂得和諧和合群的藝術。就好像是樂隊演奏音樂一樣。沒有和諧的韻律，永遠演奏不出好的樂章。除此之外，我覺得我們每一份工作不是

② 其它國家的名酒也在酒單內。
＊右列資料由尼克斯集團提供。
③ 佛羅里達州。

為了自己，而是去獻給別的人。」

歲月匆匆，鮑魯德來美國已有三十寒暑。他從一個只有才藝而沒有雄厚財力的廚師，一躍而為一個餐館王國的創造者。這也說明了一個事實，在美國，只要身懷絕技而又能抓住機會的人，永遠是站在成功的一面。從丹尼爾餐館的例子，說明「灰姑娘」的故事，隨時都會在這個「機會王國」的土地上出現。

＊附丹尼爾餐館王國分散世界各地的餐館名稱和得獎名稱，以提供讀者參考，若是有緣，不妨一試美食。

餐廳名稱	地　　點	得獎名稱
BAR BOULUD	倫敦	
	紐約	最佳卓越獎
BOULUD SUD	紐約	
CAFÉ BOULUD	紐約	最佳卓越獎
	棕櫚灘 ③	最佳卓越獎
DANIEL	紐約	首獎
DB BISTRO MODERNE	邁阿米	最佳卓越獎
	紐約	最佳卓越獎
	新加坡	
DBGB KITCHEN BAR	紐約	
MAISON BOULUD	北京	最佳卓越獎

＊酒可以搭配任何菜，但對法國人而言，酒是用來搭配人生的！
＊酒使任何菜色更適宜，使任何餐桌更優美，也使每天更文明。──Ander L Simon(法國美酒作家)

11
卡伯尼特·蘇維翁紅葡萄酒

喜歡品嘗卡伯尼特·蘇維翁（Cabernet Sauvignon）紅葡萄酒的饕客，若有機會到加州的話，千萬不錯過買幾瓶那拔河谷07、08兩個年份的卡伯尼特·蘇維翁紅葡萄酒。因為它們都登上了酒國的桂冠獎。也許有饕客會問，這兩個年份酒的評分，總會有些微的差別吧？老饕2011年訪美時，都試過07、08年的卡波尼特·蘇維翁紅葡萄酒，哪一年勝出，很難論斷。就好譬兩匹名駒在馬場競賽時，最後勝負的判斷，只能用電眼測出。品嘗紅葡萄酒不能用電眼來區分零點幾秒的勝負，只好求諸於品酒者的給分。

若以老饕的口感來評分的話，應是各有千秋。2007卡伯尼特·蘇維翁紅葡萄酒的最大優點是：深厚的濃度風味，下口之後有圓潤感；而2008年年份的卡伯尼特·蘇維翁紅葡萄酒則是以濃郁的果香味吸引人，可以久存。

加州那拔河谷大約有上十個好酒莊釀造出醇醪

的極品卡伯尼特・蘇維翁紅葡萄酒。酒莊主人們的原計畫是把07、08兩個好年份的好酒庫存起來，等待適宜時機再待價而沽。可是，人算不如天算，09年爆發的金融海嘯，讓全球，包括美國在內的股市大跌，經濟蕭條的警訊接二連三出現，酒莊自然首當其衝。加州葡萄酒的價格跟著金融風暴的來臨而下跌。於是，降價求現的酒莊紛紛出現。甚至網上的價格一日數變。一百五十元美金一瓶的卡波尼特・蘇維翁維葡萄酒，可以只付三分之一的價錢，就能在網上購到。小女智媛是網上購物族，她在網上買到加州名酒莊 Oakville 釀造的 2007 和 2008 卡伯尼特・蘇維翁紅葡萄酒各兩瓶。① 這兩個年份的酒幾乎獲得葡萄酒評論家雜誌酒評的滿分：97分和95分。② 因為這兩個年份的酒還可以久藏，所以她就留了下來，等待好日子再喝。

不過，也有少數的酒莊的莊主，還是挺住了「金融海嘯」，硬是不肯降價以求近利。譬如說，那拔河谷施拉岱酒莊、布萊恩酒莊、貝克斯多佛、杜・卡倫酒莊和阿魯荷・艾沙立酒莊等，他們都把高價位的卡伯尼特・蘇維翁紅葡萄酒——三百五十到四百五十美元一瓶——存在酒窖裡，

① 限購。
② 滿分是100分。

等待金融海嘯過後，經濟復甦時再推出。他們苦撐的原因不外乎是相信金融海嘯「淹沒」不了美國。海嘯過後，喝好酒的族群又將不惜出高價買2008年份的頂級卡伯尼特・蘇維翁紅葡萄酒了！

＊現在列舉幾個名酒莊所釀造出的2008年份卡伯尼特・蘇維翁紅葡萄酒給喜愛喝這種好酒的讀者們參考。

酒莊名稱	品酒評語
Schrader Cellar	非常奇妙的結合，幾種果子的味道如藍梅、紅醋栗和梅子溶合在一起，圓潤而有餘味。 ＊評分：98 分
Araujo	有熟透的黑梅、藍梅、紅醋栗、鼠尾草、西打、摩卡咖啡和濃縮咖啡的優美混合濃烈味道。餘味十足。 ＊評分：97 分
Bryant Family	口味深厚，有濃烈果子和摩卡咖啡混合香味。餘味十足。 ＊評分：97 分

附圖11-1：那拔河谷卡伯尼特蘇維翁葡萄園區

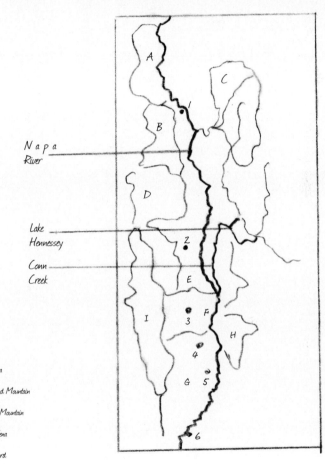

A：Calistoga

B：Diamond Mountain

C：Howell Mountain

D：ST. Helena

E：Rutherford

F：Oak Ville

G：Yountville

H：Stags Leap

I：Mount Veeder

＊以上是葡萄園區

1 . Calistoga City

2 . ST. Helena City

3 . Rutherford City

4 . Oakville City

5 . Yountville Town

6 . Napa City

＊以上是葡萄園區內的指標性城鎮。

新世界─澳、
紐、南非、南美

IV

新世界
——澳、紐、南非、
南美

1
2011 年 新 世 界
葡萄酒

2011 年 2 月間，北半球的歐洲和美國，都忙著應付暴寒冰雪的時候，南半球的葡萄酒大國的葡萄園園主們，也忙著估計 2011 年的葡萄收成，看看一年來的心血，有沒有白費。為了要讓饕客們心裡有一個譜，老饕特別把南半球葡萄酒大國的收成情況做簡單分析，等到 2012 年葡萄新酒上市時，就可以放心選購了！

阿根廷

2011 年 2 月，阿根廷曼都薩（Mendoza）區 ①遭逢提前到來的嚴重霜害，整個 2 月份都處在冷霜和乾旱之中，讓葡萄農們心裡七上八下，雖然及時雨在 2 月底降臨，不過，一直延續到 3 月份第一個星期，讓部份的葡萄果實受害。幸好 4 月整個月陽光普照，沒有受損的葡萄蔓籐長出晶瑩結實的葡萄，可以說是好的秋收。

阿根廷南部的巴達哥尼亞區（Patagonia）夏天氣候適中，秋天氣候升溫，因而有了一個優

① 阿國最大的葡萄園區，以盛產高質紅酒而出名。

質的豐收。北部蘇爾達省在2月期間碰到大雨，還好秋天天氣轉好，但優質葡萄要經過仔細挑選才能榨汁釀酒，量不會太多。

老饕總結，如果讀者要買2011年份的阿根廷紅葡萄酒，一定要注意紅葡萄酒是不是來自巴達哥尼亞區，以免買到次級貨。

澳大利亞

澳大利亞的葡萄酒商們預估，澳洲主要的幾個葡萄酒產品如巴魯薩河谷、麥拉倫‧維爾區（McLaren Vale Region）②、和維多利亞省都因為雨水不調的關係，導致2011年的葡萄酒精濃度偏低，不會有濃郁的葡萄酒出現。維多利亞省遭受雨水之害最烈，不少葡萄園被暴雨帶來的洪水沖毀。不過，有些幸運的莊園避過了洪水的浩劫，隨著3、4月天氣轉晴而氣溫提升，葡萄農們在收成時檢視，咸認均可釀成好酒。

2011年是西澳省的豐收年。葡萄農們和釀酒商們對這一年的豐收，都留下美好的回憶。西澳省瑪格麗特河谷的

②靠近南澳首府阿德雷德，是以釀造
歐洲風味的紅、白葡萄酒出名。

葡萄釀酒商們認為，整年的氣候都處在溫暖和乾燥的情況下，葡萄穩定成長，也因而提昇了瑪格麗特河谷流域葡萄酒的品質，是近幾年來最好的一年。

老饕結語：

可以收購瑪格麗特河谷釀造的卡伯尼特・蘇維翁（Cabernet Sauvignon）紅葡萄酒和夏多妮（Chardonnay）白葡萄酒。

智利

智利的葡萄酒商們，對2011年智利海岸葡萄園區的收成，抱持著樂觀的心態。該年葡萄收成季一直延伸到5月，葡萄熟透的程度也達到飽和，可以釀出濃烈的好紅葡萄酒。不過，智利的葡萄酒商們同時也面臨一個現實而無解的問題，那就是2010年2月發生在智利的大地震，摧毀將近一億二千五百萬公升的葡萄酒③，因而酒量奇缺，葡萄酒商們面臨現款運轉不靈而被迫提高葡萄酒價格，藉以彌補虧損。智利大地震接踵而至的問題是，能源價格和勞工資相對提高，而美元疲弱，讓智利葡萄酒價格直線上升。

老饕覺得，智利紅、白葡萄酒還是值得投資，不要將拖

③ 是指存放在葡萄園的酒桶裡準備裝瓶出售的葡萄酒。

延的心態放在價格上，愈是猶豫不決，最終還是要花比
現在更高的價錢買到智利好酒。

紐西蘭

紐西蘭和智利一樣，都遭逢世紀大地震所帶來的災害。
2011 年六點三級的大地震，紐西蘭南島最大城基督城，
幾乎全部摧毀，所幸葡萄產區未受波及，不過，葡萄收
成季節時的溫度和濕度，均高於平均數，葡萄園的莊主
們只好雇用大批臨時勞工，日夜工作，「搶救葡萄」，在
和時間競賽之下，最終避免了過大的損失。④

老饕認為，2011 年的紐西蘭白葡萄酒屬於可買或可不買
之間的等級。

南非

南非葡萄酒商對2011 年的葡萄收成狀況感到快慰。葡萄
產區都傳來豐收的訊息。2011年的舒拉紅葡萄酒和倩妮‧
布朗克白葡萄酒皆列為優質葡萄酒。

老饕認為，上述兩種葡萄酒值得品嘗、收購。

④ 濕度過高加高溫，會讓葡萄蔓的
根潰爛，導致整棵枯萎，這是葡萄
農們最不願見到的景況。

新世界─澳、
紐、南非、南美

193

附圖 1-1：
逃過 2011 年大地震災難的紐西蘭南島葡萄園莊

持平而論，南非葡萄酒的品質和多元化的特性，都在提升；可是，時至今日（2011年），南非的葡萄酒商們，還要為打響本身品牌而奮戰，查其原因，都要追溯到「種族隔離」而遭受國際制裁那段孤立的日子。雖然聯合國在八〇年代末宣布解除對南非的經濟制裁，但漫長歲月「與世隔離」，決非在短短幾十年之內可以立刻和世界經濟體無縫接軌；葡萄酒外銷所遭遇的困難，就是一個很好的例子。

老饕在1987年9月，也就是澳洲和南非斷航前一個月，應南非航空公司之邀，全家前往南非旅遊了兩個星期。因為航空公司提供的是商務艙位子，沿途品嘗的都是南非的葡萄酒，在老饕的印象中，那些都是美味的優質葡萄酒，只可惜經濟制裁的關係，在世界葡萄酒的市場上，買不到而已。在南非開普頓城觀光時，南非旅遊局的導遊告知，從開普敦城的平台高地（Table Land）一直延伸到海岸線低地，因為面臨兩洋——印度洋和大西洋

──的暖冷氣流衝擊，讓這條窄長的地帶，變成種植葡萄的好地方；不過，因為國際局勢的使然，南非優質葡萄酒只好留給自己人喝了！1993 年，因為聯合國已經解除對南非經濟制裁的禁令，美國也同時降低關稅，開放南非葡萄酒進入美國市場，讓它在公平的競爭下，和老世界及新世界的葡萄酒，一分高下。

二十世紀的九〇年代，老饕一直派駐在新加坡工作，擔任交通部觀光局駐新加坡辦事處主任，因為職務上的關係，結識了一些南非駐新加坡的商務專員，其中也包括推廣南非觀光的代表，在許多不同場合裡，品嘗不少南非的優質紅、白葡萄酒，而新加坡的酒商，從九〇年代中期開始進口南非葡萄酒，等到 2002 年老饕卸任退休時，南非紅、白葡萄酒在東南亞的廣大市場上，不但要和新、舊世界的葡萄酒比拚，還要為自身的品牌之名而戰。兩面分頭出擊，十分吃力。

2011 年，老饕在舊金山的一個品酒場合裡，認識了一位來自南非的葡萄酒商亞當・梅遜（Adam Mason），他是來加州推廣南非葡萄酒的。老饕和他談起上述的幾段往事，

梅遜十分吃驚，他對老饕說，1987 年，他還是在他家裡的葡萄園裡做園丁。南非會有一個大的葡萄酒推廣團要來加州推廣，他只是先頭部隊。他說，推廣團的第一次發表會是 8 月 15 日，地點是在費爾蒙特大酒店（Fairmont Hotel），如果有空的話，他邀請老饕出席。由於這是一個認識南非紅、白葡萄酒的好機會，老饕接受了這一份邀約。

那次發表會讓老饕印象深刻，因為南非正在進行重大的葡萄酒革命。所謂「革命」是指兩個方向：

有價值的品質生產
Quality For Price Products

品管重於一切。當南非進軍國際市場的初期，葡萄酒商沒有太過重視「質」，只專注於「量」，於是，聲名就一直沒辦法提昇，量變沒有質變的結果，南非的葡萄酒始終徘徊在中檔次價位上。從 2005 年開始，南非的葡萄酒釀酒商聯盟發起提高品管運動，為南非葡萄酒開拓出一條康莊大道。

葡萄酒的多樣化

Diverity in Wine

南非的葡萄酒釀酒商們都專注這個目標，因為在美國這個
多元化的社會裡，葡萄酒多元化是非常切合實際的。否

附圖2-1：南非開普敦城的野花

則的話，就會失去市場。葡萄酒商們相信，南非葡萄酒在美國市場的銷售前景，是非常樂觀的。

老饕在推廣會中了解到，目前南非葡萄酒在國際市場最受歡迎的五種酒分別是 ①：

CABERNET SAUVIGNON	紅葡萄酒
MERLOT	紅葡萄酒
SHIRAZ	紅葡萄酒
CHARDONNAY	白葡萄酒
SAUVIGNON BLANC	白葡萄酒

從老饕在 1987 年第一次接觸南非葡萄酒到現在，已經有整整四分之一世紀之久，而南非的葡萄酒商們還在為自身品牌的制度奮戰，這真是一段不輕言放棄的堅毅路程。如果沒有對本身品牌的熱愛（passion）和自信（confidence），這條路是很難走完的。

① 也可以提供讀者參考。

3

澳洲美酒・美
食・美景

有人說，澳洲是一個「人間天堂」。因為那裡
有的是美酒，各大城市都有美食殿堂，再說，
澳洲是一個島型大陸，因為地殼的變動，給
澳洲帶來其它各國所沒有的獨特景觀。老饕
在二十世紀的八〇年代，擔任交通部觀局駐
澳紐辦事處主任長達九年之久，因而有幸見
證了「人間天堂」林林總總事蹟，它絕非是一
個誇大的形容詞。

澳洲葡萄酒的演進可分兩個階段。第一個階
段是二十世紀七〇年代以前的歲月，那段漫
長的日子裡，澳洲人把好的葡萄酒都「占為
己有」。只有少數的紅葡萄酒外銷到她的母國
——英國。其餘均留為己飲。第二個階段是
從八〇年代開始至今，因為「白澳政策」沒有
辦法封鎖經貿的巨輪，為了賺取外匯，澳洲
酒商開始推銷葡萄酒到亞洲市場；再者，地球
村的形成，讓澳洲也不能自絕於外，於是，
葡萄酒商除了拚外銷之外，也注意到國內市
場的消費，外來的觀光客活絡了國內葡萄酒

市場，美酒推陳出新，不但觀光客鍾愛，澳洲本國人士也棄啤酒而喝頂級紅、白葡萄酒。

老饕記得有一次在雪梨宴請幾位澳洲聯邦參、眾議員用餐，那天晚上老饕帶了一打澳洲南澳省庫那瓦拉（Coonawarra）酒廠推出的頂級紅葡萄酒。那天晚宴十分愉快，結束時因為還有五瓶酒沒開瓶，當時有一位聯邦眾議員李奧·麥克萊（Leo McLeay）對老饕說：「本禮，我可以把這五瓶酒帶回家嗎？」因為都是老友，老饕爽快答應。於是，他很高興把這五瓶酒帶回去。誰也沒有想到那次晚宴的參、眾議員中，其中一位後來出任聯邦參議院議長凱利·賽布拉（Kerry Sibraa），而麥克萊被選為聯邦眾議院議長，兩人日後對老饕的推廣工作，給予極大的助力。①

澳洲的食材，如海鮮、蔬果和肉類，都是以新鮮取勝。當澳洲還自絕於亞太地區之外的時候，澳洲還稱不上是「美食殿堂」，保守的澳洲人以為他們自己是「英國人」，美食自然談不上美食家的餐桌。八〇年代之後，澳洲對亞太地區開放了投資移民，來自各國不同的移民，把各

① 參見楊本禮、周嘉川：《住在南半球的日子》，臺灣商務印書館，2008年。

自母國的廚藝帶到澳洲，配上當地的新鮮食材，融和各國口味的烹調，為澳洲美食開闢了新天地。

澳洲的新鮮龍蝦又大又嫩，有一次老饕請東亞旅遊協會澳紐分會執行委員吃晚飯②，老饕點了一道特別的生龍蝦，龍蝦端出來的時候，身子的肉切片配芥末，龍蝦頭煮湯，這是執委們（日本和老饕除外）第一次嘗試這種新鮮龍蝦的吃法，個個讚不絕口。於是，這道菜經過他們的口傳，日後成為中國城餐館不可或缺的名菜。③

2000 年時，雪梨成功舉辦奧運，其中最讓觀光客滿意的是：美酒和美食（資料來自澳大利亞觀光旅遊局）。在澳洲住了八年半，因為職務的關係，走遍了整個澳洲的風景區。現在回憶起來，西澳伯斯城的「秋雲落日」和北疆的「雨後紅蓮」兩幅美景，最讓老饕懷念不已。若有機會前往澳洲觀光，機緣巧合時，必定要相逢於此一人生難得一見的自然景觀。

＊澳洲朋友最近告知，庫拉瓦拉酒廠在過去十年來都釀出好酒，以下幾個年份最佳，它們可以繼續保存（hold），

②老饕時任主席，分會執行委員來自日本、韓國、泰國、菲律賓、香港、澳門和中華民國。

附圖 3-1：澳大利亞西澳省首都伯斯城的似錦秋雲是可遇不可求的美景。

或現在就可以喝（drink）。讀者有機會，不妨一試。

2009 年：　drink or hold

2008 年：　drink or hold

2005 年：　drink or hold

2004 年：　drink

2003 年：　drink

③ 1994 年，老饕回雪梨參加長女智婷雪梨大學的畢業典禮。老友們請老饕夫婦重聚。據他們告知，龍蝦生吃已經不准上桌，因為環保人士抗議，認為這種吃法太過「殘忍」。

附圖3-2：
澳大利亞北疆的紅蓮，要
雨後才開，雨後紅蓮也是
奇景之一。

金色蘭姆酒是加勒比海的干邑白蘭地酒

波多黎各人很驕傲的說：「金色蘭姆酒是加勒
比海的干邑白蘭地酒（ Cognac Brandy ）。」這種
說法是出自波多黎各人的浪漫口吻，因為這
兩種酒無法在一起相比，主要原因是釀酒的
材料不同，干邑白蘭地是用葡萄釀造的，金
色蘭姆酒是用甘蔗釀成的。

波多黎各的金色蘭姆酒可以說是「頂級」飲
料。美國市面上的蘭姆酒，有百分之七十是來
自波多黎各，每年賺進巨額外匯，稱之為「頂
級」，並不為過。還有，波多黎各的警察除了
要做「除暴安良」的工作之外，他們的另外一
個重要任務是，到各地蘭姆酒的蒸餾房檢視，
看看釀酒商們所蒸餾的蘭姆酒的陳年年份，是
否達到一年以上的規定。動用警察權來監控釀
酒的陳年年份，世界上只有波多黎各才有，若
不是「頂級」，也不需要勞師動眾了。

好萊塢性格巨星強尼．戴普以演出加勒比海

的海盜而聲名大噪。可能是扮演海盜角色太過出色，以致於主演其它的戲都不十分叫座。他曾主演過一部波多黎各蘭姆酒的電影：〈蘭姆酒日記〉(*The Rum Diary*)，他在電影中扮演一個整日喝蘭姆酒的記者，在波多黎各首都聖·胡安 (San Juan) 胡混。他把爛醉如泥的記者角色演活了。①

波多黎各蘭姆酒 —— 費南迪茲家族

波多黎各蘭姆酒最大家族之一的曼紐爾·費南迪茲 (Manuel Fernández) 拍攝了一支電視廣告 —— 摩根船長促銷蘭姆酒，在美、加各大電視台放映。摩根船長是加勒比海有名的海盜，為人亦正亦邪，廣告的構想是因為蘭姆酒又有「海盜之酒」的「雅號」，故借摩根之名來向美國電視推銷蘭姆酒，可謂適得其分。

波多黎各唯一女性蘭姆酒調酒師絲爾維亞·聖地亞哥 (Silvia Santiago) 曾於 2011 年 8 月來美，配合摩根船長電視促銷廣告，向美國的電視觀眾講解欣賞陳年蘭姆酒的要訣。她說，鼻子的嗅覺是最重要的一環。因為陳年的蘭姆酒會散發出不同的香味，蘭姆酒的多元化特性要比想像中還要來得多。她說：「我們有自己的祕密配方，不便向外

① 該片 2011 年 10 月 28 日在美首映，不知道台灣戲院有沒有上映這部電影？

公告！」聖地亞哥女士說明，清澈蘭姆酒的酒香味可以替代伏特加酒，調配成很特別的馬丁尼，而金色蘭姆酒可以和飯後的干邑白蘭地酒，一爭高下。

目前，波多黎各利用蘭姆酒來促銷觀光。觀光客到了波多黎各之後，可以到聖‧胡安（San Juan）、貝亞蒙（Bayamon）、卡達奴（Catano）和龐斯（Ponce）四地參觀蘭姆酒蒸餾廠房，了解蘭姆酒釀製過程，還可以品嘗各色蘭姆酒，從一般深色蘭姆酒級②到金色蘭姆酒，除此之外，還可以參觀釀酒廠的歷史館，以了解蘭姆酒在波多黎各的發展軌跡。

到波多黎各觀光的觀光客，一定不要錯過到費南迪茲家族酒廠參觀的機會。酒廠的莊園裡，有一座白色西班牙式建築物，那是費南迪茲家族的發號施令總部。總部的中央，陳列一個用橡木做成的大酒桶，裡面盛有 1942 裝桶的陳年蘭姆酒。費南迪茲家族發言人說，這個橡木桶裡的蘭姆酒，一直要塵封到波多黎各獲得真正獨立而成為波多黎各國的時候，才打開橡木桶大肆慶祝，盡情喝裡面陳年有七十年以上的頂級金色蘭姆酒。

②又稱「火水」（Fire Water）的海盜級烈酒。

從葡萄酒競爭的角度來看，南美洲的智利和阿根廷本是「天敵」。阿根廷布局較早，而且自己栽培出專門釀造紅葡萄酒梅爾比克（Malbec）的葡萄。梅爾比克葡萄是從法國波都區移植到阿根廷。它目前已在波都區式微，卻在阿根廷大放異彩，為阿根廷紅葡萄酒進軍國際市場，立下「汗馬功勞」。

智利和阿根廷本是「鄰居」，但這兩個鄰居中間卻被安迪斯山脈（Andes）割斷，安迪斯山脈的天險，讓這兩個鄰居很難互通往來。智利是一個狹長形的國家，從北方的赤道到南方的南極，海岸線長達四千二百公里，但是寬度卻界於四百到二百公里之間。狹長的地形，卻讓智利培育出各種不同類型的葡萄。智利人常說，他們的葡萄酒在變化上，遠超過鄰居阿根廷。

為了要超越阿根廷梅爾比克紅葡萄酒獨佔市場的優勢，智利的葡萄釀酒商們，專注於葡

萄酒口味的多元化。智利維拉門提酒廠主席奧格斯汀·
胡尼依阿斯（Agustin Huneeus）有一次在加州推廣智利葡
萄酒的發表會上說：「目前，智利多元化的發展，可能還
趕不上阿根廷梅爾比克紅葡萄酒的聲勢，不過，從長遠
的角度來看，多元化的發展，絕對是我們一項有力的武
器（Diversity is our most powerful weapon.）。」

胡尼依阿斯為了要和阿根廷的梅爾比克紅葡萄酒一別苗
頭，特別請來一位涉獵甚廣的專家保羅·霍布斯（Paul
Hobbs）擔任他的研究發展顧問。霍布斯的主要工作是改
良胡尼依阿斯葡萄園內種植的皮諾特·奴娃葡萄（Pinot
Noir），從接枝到釀酒，每一步幾乎都是從頭做起。霍布
斯在2004年受聘，2008年有了非常好的收穫。是年皮諾
特·奴娃紅葡萄酒不但在智利國內市場大賣，而且進軍
美國市場也獲得豐厚的利潤。

在智利，「超越阿根廷葡萄酒」幾乎成為全民運動。霍布
斯時常周遊列國，他是一個長於旅行觀察的葡萄酒專家。
霍布斯直覺認為，除了皮諾特·奴娃紅葡萄酒之外，智
利的狹長地帶中，有很多區塊適合種植釀造白葡萄酒的

葡萄。在他的建言下，智利白葡萄酒發生戲劇性的改良，其中最主要的原因是找對了栽種葡萄的區塊。譬如說，在摩麗河谷（Maule Valley）出產的蘇維翁・布朗克白酒、麗瑪瑞河谷（Limararí　Valley）釀造的夏多妮白酒和聖安東尼奧河谷（San Antonio Valley）的極品蕾絲玲白酒等，都是智利進軍國際葡萄酒市場的有利品牌。

胡尼依阿斯在發表會上說：「智利的葡萄酒業者都在專注於品質的管控，以利長期發展。」

的確，智利證明自己可以超越鄰國，付出全副心力投所注的努力，沒有白費心血。

葡萄酒名言

一串串葡萄是美麗的、靜止與純潔的，但它僅是水果而已；一旦壓榨後，它就變成一種動物，因為它變成酒之後，就有了動物的生命。
——威廉・楊格（William Younger，美國作家）

酒使人心歡愉，而歡愉正是所有美德之母。但若你飲了酒，一切後果加倍：加倍的率直、加倍的進取、加倍的活躍。我繼續對葡萄酒做精神上的對話，它們能使我產生偉大的思想，使我創造出美妙的

認識阿根廷葡萄酒商標的含義：

＊ MALBEC　　　　　濃烈香味的紅葡萄。

＊ TORRONTES　　　 非常特別的白葡萄園。

認識智利葡萄酒商標的含義：

＊ ENVASADO en ORIGEN

酒莊裝瓶。

＊ CARMENAIRE / GRANDVIDURE

不同品種的葡萄曾經在法國波都葡萄園區風行過，但現在
已絕跡。

事物。——歌德（ Johann Wolfgang von Goethe，德國作家 ）

我們常聽說由水變成酒是個奇蹟。這個由上帝恩典造成的奇蹟每
日都發生：天堂將下雨水到葡萄園，由樹根進入葡萄，變成酒。
這是上帝愛我們，並樂見我們快樂的明證。——本傑明·富蘭克
林（ Benjamin Franklin，十八世紀美國發明家、政治家、美國獨立戰
爭領袖 ）

葡萄酒能使友誼迅速泉湧而出。——約翰·蓋（ John Gay，英國人 ）

6

Syrah —A Tale of
Two Grapes

2011 年 10 月 3 日，多倫多市的 LCBO ① 舉辦一次葡萄酒講習會，主要目的是要和顧客「溝通」，聽取顧客們的意見，然後決定次年要進口什麼樣的葡萄酒和烈酒，以滿足顧客們的需求。LCBO 是採用抽樣方式挑選「聽眾」，長女智婷被選中。她那天因為有事不能參加，所以老饕就代表女兒出席。

老饕對講習會的各種葡萄酒的喝法和決定進口什麼酒以滿足顧客脾胃的講習過程，並沒有太過專注，倒是結束前半小時的專家演講，提起了老饕的興趣；例如主講人比皮‧卡羅薩瑞奧爾（Beppi Crosariol）的題目就非常吸引人：「Syrah —A Tale of Two Grapes」；聽完整篇演講之後，老饕把他的題目譯成中文「一種葡萄兩樣情」，比較切題。

比皮首先說，有很多種葡萄都會散發自己獨特的風味。譬如說，梅樂（Merlot，發音 mehr-loh）葡萄釀出來的酒口感順暢。卡伯尼特‧蘇

① 酒公賣局。

維翁葡萄釀出來的酒，充滿了黑醋栗的香澀味。珊吉尤威西葡萄（Sangiovese〔義大利文〕，發音為 san-jee-yoh vay-seh）釀出來的酒，有濃厚櫻桃的土香味。

比皮對聽眾表示，用不同葡萄釀造出的葡萄酒，自然會有不同風味，但風味的好與不好，有時不是取決於葡萄酒的本身，而是取決於葡萄酒商們商業推銷術。推銷術往往決定市場的需求。他以多倫多 LCBO 為例，說明推銷對於市場的影響力。很多流行歐美的葡萄酒，往往不易在多倫多 LCBO 經營的商店上架，主要原因是酒商的推銷術成功，讓 LCBO 的選購小組受到影響。

比皮舉例說，法國龍河酒區有名的 Syrah 葡萄釀出來的頂級紅葡萄酒，有多元性的風味，含有白胡椒味、甘草味、花香味，甚至有鐵質味，因此，它和炆火燉成的紅肉或燒烤的獵物肉相配，最好不過。加拿大人很喜歡上述兩種肉的吃法，可惜不容易找到 Syrah 紅葡萄酒。

比皮說，澳洲的葡萄農們把 Syrah 葡萄蔓移植到澳大利亞的南澳省巴魯薩河谷，和麥克拉連‧維爾葡萄園區栽種

培養出有名的 Shiraz 葡萄，其所釀出的紅葡萄酒，在某種程度上來講，甚至會超越龍河河谷區的 Syrah 紅葡萄酒。它正好和澳洲人喜愛的烤肉相配。

比皮說，Syrah 和 Shiraz 其實是「本是同根生」的一種葡萄，可是在兩地培植出來的結果卻大異其趣，追查主要原因，可能是氣候使然。因為南澳省長年有充足的陽光，氣候溫暖，因而葡萄果實含有高糖分和精密水果濃度；而在龍河河谷地區的陽光沒有南澳省那麼強烈，整年都是處在清爽的氣候，葡萄也就芬香出眾。

比皮說，葡萄和人類的移民一樣。一但移出之後，雖然還帶有原始的基因，但物換星移的結果，早已和原來的風貌不一樣了。

聽了比皮的演講，老饕認為，用「一種葡萄兩樣情」來形容他的講述的故事，最為恰當不過。

比皮介紹了來自三個不同國家所釀造的 Syrah 和 Shiraz 紅葡萄酒給在場聽眾參考，老饕也一併記錄下來，讓讀者有一個選擇：

---

1 Domaineine Les Yeuses Les Épices, Syrah 2008 (France)
2 Mitolo G.A.M. Shiraz 2008 (Australia)
3 Fess Parker the Big easy Syrah (California, U.S.A.)

葡萄酒名言

好的葡萄酒證明了上帝希望我們幸福。──本傑明・富蘭克林（Benjamin Franklin，十八世紀美國發明家、政治家、美國獨立戰爭領袖）

如果你想要更具有藝術氣息、更健康、更有樂趣的人生，何妨花點時間來了解葡萄酒。你不一定要成為品酒家，但是你一定要知道一些基本概念。──約翰・艾塞克（John Isaac，英國著名酒評家；此句名言出自其為《紅酒聖經》〔*Wine Bible*〕一書所作序言）

在智利，如果到葡萄園觀光只是純試酒的話，那已經是過時（passé）的玩意。多倫多環球郵報記者珍妮特‧富爾曼（Janet Forman）2011年9月22日在該報旅遊美食版以「智利‧葡萄酒觀光新領域」（Chile: The New Frontier of Wine Tourism）為題，寫了一篇非常有可讀性的報導，因為內容有趣，老饕特別把它改寫，提供給讀者參考。

多倫多環球郵報派富爾曼女士前往智利做葡萄酒觀光深度報導，因為多倫多市有不少拉丁裔加拿大人，他們對智利和阿根廷的葡萄酒極為懷念，經過他們的口傳，引起加拿大人前往上述兩國觀光兼品酒的迴響，基於這個原因，富爾曼受命前往採訪，以實地目擊者的身分，撰寫文章，回饋讀者。①

富爾曼形容當前智利酒莊的觀光推廣種類繁多，單一的項目已吸引不到饕客和觀光客。目前最時尚的項目包括家庭式的活動，體育

---

① 富爾曼還有連續報導，因老饕10月31日離開多倫多前往舊金山，故後續文章沒有機會閱讀。

項目如騎馬、打馬球、坐馬車參觀葡萄園、參觀原住民文化和野生動物園，有些莊園甚至還有星象卜卦家，利用茶餘飯後的時間，為顧客們解說運道。

富爾曼女士特別挑出了四個各具特色的酒莊，介紹給讀者，讓讀者有機會前往智利做酒莊之旅時，心裡有一個譜。

1 卡薩・斯爾瓦（Casa Silva）

卡薩・斯爾瓦地處智利的柯爾查瓜河谷（Colchagua Valley）酒區，同時也是智利有名的產馬區。因此，在區內的酒莊，都有自己的養馬場。莊主特別訓練不少馴馬，為觀光客代步。喜歡騎馬的人，可以自己騎一匹雄駒，跟隨領班，沿著山路，參觀葡萄園。不會騎馬的人，可以搭乘有馬伕的馬車，沿著葡萄園莊內的路徑行走，一面看結實的葡萄，一面喝莊園提供的葡萄酒和乾酪。悠然自得，盡情享受莊園美景。

卡薩・斯爾瓦酒莊有一間落地玻璃窗的高級餐館，在那裡品酒嘗食的饕客們，還可以看到酒莊外的馬球球場全

景，遇有比賽，可以「免費」觀看。

2 溫娜・珊達・庫魯斯（Vina Santa Cruz）

庫魯斯酒莊最特別的是，酒莊主人卡羅斯・卡登恩（Carlos Cardoen）醉心於收集智利原著民的藝術品。在他的展覽大廳內，可以看到不少珍貴收藏。它的另外一個特色是，酒吧裡長駐著一位星象家，她不是為顧客們卜卦，而是為顧客們解說酒吧大廳內陳列著各種不同的殞石，她可以從殞石中解說好幾百萬年以前發生的事。

庫魯斯酒莊正廳外的陽台，裝著一副超高性能的望遠鏡，顧客們在夜暮低垂時，從望鏡頭裡面看到月球表面的火山岩洞，這種不易見到的奇景會出現在肉眼裡，興奮之情，會讓心都跳出聲來。

3 蒙特葛拉斯（Montgras）

蒙特葛拉斯酒莊最特別的地方是，可以讓顧客們進到酒莊的實驗室裡，參觀調酒師們調配葡萄酒，有興趣的客人，也可以自己用現成的原料，調配合乎自己脾胃的酒，然後裝瓶。客人們要把調配葡萄酒時所用的份量標明在自己署名的瓶子裡，交給調酒師。調酒師先賣關子，並沒有告訴標示份量的原因，等到用晚餐的時候才真相大白；原

來大廚們看顧客們自己調酒的份量，烹調出合乎配酒的菜肴，令人大開眼界。

4 吉爾摩莊園（The Gilmore Estate）

吉爾摩莊園佔地七百五十英畝，除了用來種植葡萄外，還闢有動物園區，以收養流浪的動物。2010 年大地震之後，吉爾摩家族莊園也毀於一旦。不過，吉爾摩家族經過一番重建奮鬥之後，現在已煥然一新。被毀的農場改建為迷你高爾夫球場。原來收養流浪動物的園區現已擴大，收留更多從災區逃出的不同動物和飛禽共有三百種之多，其中包括鸚鵡、食火鳥（emu）、狐狸、駱馬（guanaco llamas）和十五種不同種類鴨子，可以說是小型動物園。

吉爾摩莊園重建之後，在迷你高爾夫球場旁，建造了一間試酒屋，一般客人可以到試酒屋內試酒，特別的客人如酒商，可以到葡萄園和釀酒房參觀，並可以無限量試飲吉爾摩酒莊的葡萄酒。

吉爾摩莊園雖受創於自然災害，但家族已經從那裡跌倒，從那裡再站起來。吉爾摩女莊主在特別的安排下，會親自出馬，陪觀光客遊園，其敬業精神，深獲好評。

到紐西蘭觀光和品酒，最好是自己開車，其中以北島為最。因為到了南島，多是崇山峻嶺，對一般人而言，並不適合開車旅遊。紐西蘭的觀光局和交通主管部門，特別在北島開闢了四條觀光公路，以滿足開車族們的開車癮。

第一條 | 雙子海岸探索公路
Twin Coast Discovery Highway

這條公路以紐國第一大城奧克蘭城（Auckland）為中心，往東或往西兩個方向開，因為這條路是沿著北島平原而建，不論朝那個方向開，最後還是回到奧克蘭城。這條路命名為「雙子海岸探索公路」主要原因是遊客每次回來，都會發現一些景點，是以前他們從未見過的。東海岸是以美麗海灘取勝，西海岸則是以海景與原始森林景觀著稱。

第二條 | 地熱觀光公路
Thermal Explorer Highway

從奧克蘭城往南開到北島南邊大城納皮爾（Napier），沿著北島中央高地建造。這條路山景極美，尤其是春秋之際，豔花成海，楓紅成林，是紐西蘭的絕色。除此之外，這條路經過溫泉聖地羅托魯瓦城（Rotorua）、螢火蟲洞（Waitomo Caves）和托波湖（Lake Taupo）。

第三條｜太平洋海岸公路
Pacific Coast Highway

從奧克蘭開始，沿著太平洋海岸走而止於納皮爾城。這段路可以沿途欣賞卡羅曼德爾（Coromandel）的海灘和森林，然後經過豐盛灣（Bay of Plenty）安靜怡適的農莊。如果有興趣的話，還可以留在農莊小住一夜，欣賞紐西蘭的田園美景。過了豐盛灣之後，公路進入崎嶇多變地帶，開車人要特別小心，不要因為欣賞風景而大意開車。這條曲折的公路到達東角（East Cape）頂端之後轉為平順。公路終點是裝飾藝術城納皮爾。

第四條｜紐西蘭經典葡萄酒之路
Classic New Zealand Wine Trail

紐西蘭的葡萄酒從上個世紀的九〇年代開始，才慢慢培養出紐西蘭特色的葡萄酒，為了推廣，因而在北島開闢這條酒莊路線。從納皮爾到首府威靈頓（Wellington）把全國百分之七十的白葡萄酒產區連成一線，其中包括有名的酒莊霍克灣（Hawke's Bay）、馬丁堡（Martin Borough）以及葛來斯頓（Gladstone）等，都是經典路線首選。其中值得一題的是，葛來斯頓城也是一個風景如畫的酒莊。①

在紐西蘭北島，有一個神祕的洞穴——維多摩洞穴，因為這個謎，至今仍未解開，故名之神祕洞穴。

維多摩洞穴，又稱螢火蟲洞穴，如果不是親身體驗，實在不知道造物者的神奇。維多摩洞穴是在十九世紀時偶然被人發現。不過，在眾多洞穴中，只有一處可以稱之為螢火蟲洞，其餘各處均為鐘乳石岩，進入參觀，驚險有餘，精彩不足。

遊客進入洞前，導遊一再叮嚀遊人，不許張聲喧嚷，不許用閃光燈拍照。螢火蟲洞內的交通是木筏，而不是徒步。當乘客們坐好之後，操舟大漢慢慢搖櫓，經過一兩個轉折之後，洞內光線自然消失，可以說是伸手不見五指。

① 這條經典葡酒之路開闢時，紐西蘭南島的皮諾特・奴娃紅葡萄酒尚未走入國際紅酒市場。

可是，奇妙的事情隨即發生。大約到了第三個轉折，木筏就好像進入銀河系裡，舉目張望，只見數千萬星星懸在空際，其密集程度，有如天際銀河，煞是奇妙壯觀。遊人們在驚嘆之餘，只聽潺潺水聲，又讓人感到數不盡的螢火蟲在上空飛舞，從牠們身上發出來的亮光，為木筏指引一條明路。等到螢火蟲光盡，或者是看不見熠熠繁星時，也是遊程的終點。

出了石洞之後，導遊才為遊人解謎。原來，懸在洞頂上

附圖8-1：紐西蘭北島螢火蟲洞入口處

的亮晶體，不是螢火蟲，而是一種「發光蚊蚋」(glow worm)，牠們的生命非常短暫。人們肉眼所看到的亮光，其實已是牠們的屍體。這種發亮的蚊蚋在一經交配之後，也就是生命的盡頭。至於牠們從何而來，為何只有在一個洞穴裡，至今仍然是一個謎。

食福客詞典　**葡萄酒軼聞**

優質風土的至高地位

古羅馬作家科盧梅拉在其作品《農醫寶鑒》(Columelle, *De Re Rustica*) 中記載：「土地、葡萄品種和氣候三者在人類的作用下實現完美的結合才能釀造出質量上乘的葡萄酒。」

一場重要的品酒會——諾曼第詩人 Henri d' Andeli 二百二十四句抒情詩

記述由法國國王腓力・奧古斯特 (Philippe Auguste) 盛開的品酒會；詩的第二節描述：「法國國王既謙遜又充滿智慧，要求所有使臣去尋找他們能夠找到的所有最佳葡萄酒……」詩中有一位英國教士公正品評各種酒款：「身披長袍的英國教士，頭腦靈敏，開除了博韋園子的 Dom Mauvais 葡萄酒，氣得 Pétart de Chalon 先生鼓起肚子，抬起腳跟，引得 Rogueux d' étampes 先生一陣抽搐。」

品鑑會最後，國王讚揚塞浦路斯葡萄酒為「葡萄酒教皇」，因為它如「星星般閃耀」、「誰能獲得這些價值金銀的名酒，獲得它的人飲用後，身體健康，一生無病，直到老死的那天……」

艾文河上的 gondola 式小平底船

到過義大利威尼斯的人，都會對乘坐 gondola
式小平底船，留有深刻印象。特別是那種蕩
氣迴腸的浪漫氣氛，更讓人永雋難忘。不要
以為這種平底小船是威尼斯特產。如果是到
過紐西蘭南島第一大城基督城（Christchurch）
的人，定會發現在艾文河（River Avon）上，也
有這種由一人撐櫓的獨木舟，它們專門為遊
客服務。如果是情侶，船夫偶而會哼一兩首
情歌，以增加浪漫氣氛。老饕當年也在基督
城的艾文河上坐過這種小平底船，①並且留下
深刻印象。

艾文河雖然稱之為「河」，但只能用「細水長
流」來形容，因為它沒有壯闊的河面，也沒
有洶湧的波濤。它是一條寂靜的流水，專門
給人坐在河岸兩傍欣賞戲水的鴛鴦②、灑脫自
在的游魚以及長及水面的拂水揚柳。艾文河
有一個特色，它的源頭不是來自高山，而是
出自地下的泉水。整條河千迴百轉，圍繞著

① 見附圖9–1。
② 見附圖9–2。

基督城的市區，為基督城平添不少生氣。

南半球最高的山 ──庫克山

出了基督城外，就可以看到雄偉的庫克山（Mt. Cook），它像一座寶像莊嚴的大佛，座落在天際。庫克山是南半球最高的山，主峰終年積雪。攀登庫克山極具挑戰性。不

附圖9–1：
艾文河現已柔腸寸斷，基督城市政府仍在整治中，當年美麗的畫面只留得「此景可待成追憶」了！

過，庫克航空公司卻有一種登山特殊服務，讓非登山專家
也有一瞻庫克山真面目的機會。庫克航空公司有很多小型
飛機，可乘載四至六名乘客。由基督城機場起飛，然後
向庫克山高峰飛行，在半山腰的地方，有一大片平坦「天
然機場」，可供小型飛機起降。老饕和內子嘉川也曾搭過
這種小飛機，想一窺庫克山的真面目。可惜那次遇到雲
層封山，飛機只能在山腳的冰河河谷上空飛行，看看冰
河留下來的痕跡。據庫克航空公司人員事後告知，一年
三百六十五天，大約只有五十天是順利起飛降落的。有些

附圖9-2：
艾文河上的戲水鴛鴦現已消失

時候，明明起飛時是晴空萬里，但是到了半山時，忽然天氣大變，雲潮四面八方湧來，轉瞬間就把整個山封閉。老饕正好碰見那種突來的情況。

亞瑟關隘 Arthurs Pass

基督城外還有兩個去處，一個是到亞瑟關隘（Arthurs Pass），參觀險峻的山口通道。有許多早期蘇格蘭移民通過關隘出海的遺跡還留存在那裡，讓人追憶。出了關隘即可前往凱國拉鎮觀看鯨魚出沒奇景。

基督城野味

歡喜吃野味的饕客，不可錯過品嘗「山珍海味」的機會。在基督城的餐廳，有專門供應山雞、羚羊（Thar）和小羚羊（Chamois）肉，烤起來特別鮮。此外，在坎特伯里平原上的淡水河，盛產鮭魚，其中以 Quinnat Salmon 和 Chinook Salmon 最為有名。淡水湖裡的鱔特別美味。海裡捕捉到的紅鱈，最為可口。③

如果到基督城外的野味店吃野味，不妨先去打聽一下野味店的本身，有沒有附設大農場？如果有的話，一定要

③ 紐西蘭人都是用啤酒相佐。

去那裡吃野味。最主要的原因是，野味都可以自己獵取。原來，這些野味店為了要爭取顧客，讓他們滿足狩獵的好奇與刺激，特別在自己的農莊內「飼養」了不少山鶉和溫馴的動物，讓顧客們大清晨去狩獵。射擊技術好的人，可以吃到自己獵取的野味，技術較差的人，只好吃別人打到的肉了。雖說是一些小動物，但也是十分刺激。

基督城就是這樣令人嚮往，而且願意一去再去。可是，2011年2月一場毀滅性的大地震，把整個基督城震垮。充滿詩情畫意艾文河，已柔腸寸斷。灑脫自在的游魚和河面的戲水鴛鴦，隨著地震而消失。基督城的地標 ── 一百三十一年前建造的哥德式古老教堂，因為沒有辦法修補恢復原狀，而且地基早已鬆弛，不堪承受整建的壓力，基督城市府正式宣布於2012年3月16日拆除，只留下建造時的一塊基石，供後人憑吊。老饕從照片中看到現在的基督城已和當年迷人的風貌，完全不一樣，兩相對照，不勝唏噓。

10
紐西蘭南島中原美酒區

看過魔戒三部曲電影的人，都很熟悉「中土」這兩個字。電影裡所指的「中土」，就是紐西蘭南島的「中原」。在電影上看到的「中土」，都是崇山峻嶺，荒蕪一片。可是讀者不要誤會，那只不過是導演要選擇曠野之地，其實南島中原奧塔高（Central Otago）卻是以釀造皮諾特‧奴娃紅葡萄酒出名葡萄園區。喜歡紐西蘭皮諾特‧奴娃紅葡萄酒的饕客們，都會以「朝聖」（Pilgrimage）的心情，去奧塔高膜拜。

奧塔高在南半球南緯45°，正好和北半球法國布根地酒區的北緯度相同。都適合種皮諾特‧奴娃葡萄。所不同的是，法國起步早於紐西蘭而已。二十世紀八〇年代，老饕任職交通部觀光局駐澳紐辦事處主任，因職務上的關係，曾訪問過紐西蘭好幾次，但尚未聞紐西蘭釀造出皮諾特‧奴娃紅葡萄酒。紐西蘭大力發展葡萄酒事業始於二十世紀九〇年代。現在紐西蘭的皮諾特‧奴娃紅葡萄酒和皮諾

特‧葛瑞斯白葡萄酒（Pinot Gris），甚稱「紅白雙雄」。
奧塔高佔了地形和氣候的優勢，因而發展出來的皮諾特‧
奴娃紅葡萄酒帶有豐腴的果子味和酒精濃度甚強的特色，
這是平原一片的布根地酒區所無法相比的。還有另外一個
特點是，紐西蘭的釀酒事業十分專注於科技運用的優勢，
反倒是布根地酒區的葡萄農們，還是依賴傳統方式釀酒，
在此消彼長的情況下，紐西蘭中原成了皮諾特‧奴娃朝
聖者的殿堂。

紐西蘭南島的女皇鎮，是前往奧塔高必經之地。女皇鎮
充滿了野性美，住在那裡的人會用驕傲的語氣說，在他
們的詞彙裡，從來沒有「枯燥」（boring）這個字。冬天可
以滑雪、夏天可以嘗試連心都會跳出來的綁緊跳（bungy
jumping）、春秋兩季的激流沖舟，在在都說明了女皇鎮和
原野是相結合的。

從女皇鎮開車約二十分鐘，就可以到達查德農莊（Chard
Farm），參觀皮諾特‧奴娃葡萄園，整個葡萄園分布在山
巒上，葡萄園莊在山脊的頂端，設有試酒區和餐廳，饕
客們可以一面品酒，一面看卡瓦拉勿河（Kawarau）上的大

附圖10-1：紐西蘭女皇鎮（Queenstown），雪山日落太陽反射出來的紅光。

鐵橋，世界有名的綁緊跳就在橋上往下跳。再從查德農莊往內陸走，還有四個大的葡萄莊園，富爾頓路（Felton Road）、卡瑞克（Carrick）、困難山（Mt. Difficulty）和石英脈（Quartz Reef）提供品嘗美酒和美食。特別是在卡瑞克

莊園裡，有一家專門供應精緻午餐的餐廳。因為饕客和觀光客晚間都要回女皇鎮用膳，餐廳就特別為顧客們提供難忘的午餐。

在女皇鎮，有一家名叫 HMS Brittania 的餐館。它的確與眾不同。內部的裝璜，完全是仿照古老的英國帆船裝設；餐廳內完全用燭光照明，廳內燈光隱約，四周牆壁掛滿了古代的盾牌、刀劍、古地圖、油畫及有名的海戰寫實圖，餐館四周角落，堆滿繩索。服務人員打扮成海盜的樣子，讓客人有置身「時光隧道」之感。這是老饕到紐西蘭的旅遊中，印象最深刻的一間餐廳。

紐西蘭人為了要尊重原住民文化，很多菜譜上的菜名都使用原住民的詞彙，列舉一些常見的菜名如下，提供參考。

紐西蘭原住民菜單
＊ Kumara：甜薯
＊ Paua：鮑魚
＊ Koura：新鮮淡水土產龍蝦
＊ Bluff Oysters：紐西蘭原住民毛里人的大蠔，品種繁多，毛里人引以為傲，每年三月到八月是盛產期。
＊ Whitebait：非常小的魚苗，通常整條炸來吃，不過，它們要比英國的鯡魚（herring）小，但要比它們鮮甜。
＊ Tamarillo：黃樹水果，有時又稱之為「樹蕃茄」（tree tomato）。

11

墨爾本賽馬和香檳酒

用「春風得意馬蹄疾」來形容墨爾本春季賽馬節日的喧譁日子，最為切題。賽馬，本來是英國人的「專賣」權利。隨著大英帝國勢力的擴散，賽馬也隨著勢力擴張到世界各角落。往後，大英帝國勢力日漸衰微，殖民地紛紛獨立。雖然英國人原有的典章制度不再為新興國家全部採用，但是，賽馬卻仍然保留下來，而且「發揚光大」。澳洲第二大城「墨爾本杯」（Melbourne Cup）大賽馬日，就是最好的詮釋。

澳洲地處南半球，因此，每年9、10、11三個月份，均屬春天。墨爾本較靠近南極，真正春暖花開的日子，也多屬晚春，因此，墨爾本各馬場的馬賽日，均從10月中旬開始，直到11月的第一個星期二——「墨爾本杯」大賽日達到高潮。「墨爾本杯」賽馬日是維多利亞州的官定假日，但具有賭馬血液的澳洲人，雖地處他州，到了「墨爾本杯」大賽日也會自動放假，收看實況轉播。即使身在辦

公室上班的人，屆時也心不在焉，乾脆在辦公室打開電視收看，並用電話到投注站下注（合法）。沒有電視的辦公室，也打開收音機聽實況轉播。等到「墨爾本杯」主賽開場，整個澳洲「一片寂靜」，直到結果宣布為止。中獎的人，隨著開香檳之聲而歡呼，沒有押中的人，只有唉聲嘆氣，等到明年再來。

「墨爾本杯」大賽雖有一百三十年歷史。但是，它只能說是一種「地方性」的賽馬，並不能吸引國際名駒前來一試蹄聲，更遑論世界實況轉播。主辦單位為了要提昇「墨爾本杯」大賽的國際層次，屢出其招，其中1965年11月的「墨爾本杯」大賽最為轟動。因為大會邀請到當時最有國際聲望的時裝模特兒珍‧絲麗普頓（Jean Shrimptom）前來參觀比賽。六〇年代墨爾本民風尚屬保守，而絲麗普頓小姐卻大膽穿著短及上膝部位的寬鬆迷你裙、不穿絲襪、不帶手套、更不戴帽子。當她出場亮相時，全場觀眾為之驚呼不已。雖然迷你裙在世界其它開放的國家早已流行，但看在墨爾本保守觀眾的眼睛裡，血液也為之沸騰。次日，墨爾本及澳洲其它各大城的報紙，用「蝦兒」（The Shrimp）作為頭條的標題，形容絲麗普頓所造成的轟動，

而賽馬的本身，卻變成聊備一格的新聞。不過，「蝦兒」
並沒有白來，「墨爾本杯」大賽自始步入國際級的門檻。
如果不是她的驚豔，也不會有今日世界主要國家的電視實
況轉播。

除了「蝦兒」驚豔之外，「墨爾本杯」大賽日的觀眾穿著，
也起了革命性的變化。奇裝異服的觀眾日漸增加，而穿
著保守的紳仕淑女，也在衣著上講究起來。特別是淑女
們的打扮，更是讓人目不暇給。記得 1983 年 10 月底，老
饕還在墨爾本工作的時候應邀前往參觀 11 月舉行的「墨
爾本杯」大賽。① 邀請人是國泰航空公司駐墨爾本辦事處

附圖 11-1：
墨爾本杯大賽盛裝

① 1984 年 4 月正式遷往雪梨。

附圖11-2：墨爾本杯大賽品香檳

經理提姆·埃頓（Tim Aton），因為事前知道，老饕和內子嘉川坐的是特別包廂，於是內子嘉川特別到裁縫店看看可不可以做一套新衣，以應時尚。據裁縫師傅告知，初春一到，已經訂滿，沒有時間為嘉川做新衣。他說，他一個人要為十個顧客做十件不同款式、各具特色的衣著，每年這個時候都要絞盡腦汁，忙著為不同的顧客服務。講完之後，她看看嘉川的身裁，然後指著掛在櫥窗內一件大衣式樣的洋裝對嘉川說：「這是裁縫店的展示衣，如果合身的話，可以賣給妳。」這套衣服（外衣加裙子）很合

嘉川身材，而且高貴大方，於是她就買了下來。這套衣服還保存至今。

「墨爾本杯」開賽前一天，提姆打電話來告知，說是明天有極品香檳酒，而且是無限供應，最好不要自己開車。喝酒是參觀「墨爾本杯」賽的「必要罪惡」。看賽馬的人一早就到賽馬場外占地盤，席地而坐，好像是野宴似的。也許比賽還沒有正式開始，若干不勝酒力的人就酩酊大醉，還要勞駕「警伯」把他們送走。坐在包廂的仕女們，一面品嘗極品香檳，一面用望遠鏡遠眺各種馬姿，然後下注。事後據提姆告知，那天大會的酒吧和餐廳一共開了五百打香檳酒。

對賽馬和極品香檳有興趣的人，如果是10月中下旬到墨爾本旅遊的話，千萬不要錯過親身體驗「墨爾本杯」大賽的狂熱場面。沒有去看過「墨爾本杯」大賽馬的人，就好像是一個沒有喝過極品香檳的人，再怎麼說，也不能點出其中精華所在。

好萊塢女星瑪麗·蓮夢露自殺時用香檳服安眠藥；她一生最為鍾愛香檳和伏特加。

邱吉爾是香檳的熱愛者，他對保羅捷香檳終生不離不棄。在二戰勝利慶祝典禮上，開這款香檳慶祝。邱吉爾逝世後，保羅捷特釀一款頂級香檳，以邱吉爾的名字命名，從不公布配方。

＊我早上起床要喝，晚上睡覺要喝，打了勝仗要喝，打了敗仗也要喝。——拿破崙（Napoléon Bonaparte）

＊勝利時你應該得到香檳作為獎賞，而失敗時你需要它來一醉方休。——邱吉爾（Winston Churchill）

＊開心時，我喝香檳；傷心時，我也喝；獨處時，我喝；有伴的時候，更要喝；不餓的時候，我經常忽視了它，而餓的時候我必須喝上一杯；有時候我可以一點都不去碰它——口渴的時候例外。——Madame 伯令杰（Madame Pompadour，著名香檳世家）

＊香檳讓人覺得身處星期天，而且更好的日子就在手邊。——琳迪特·利西（Marlene Dietrich，德國裔好萊塢女星）

＊我現在獨自享樂。喝完兩杯香檳，我眼前的景致變成一些神奇和深沉的東西了。——費茨傑羅（Fitzgerald）

＊任何事物過多無益，但香檳例外。——作家馬克·吐溫（Mark Twain）

新萬有文庫

食福客品嘗記

作者◆楊本禮

發行人◆施嘉明

總編輯◆方鵬程

主編◆葉幗英

責任編輯◆王窈姿

美術設計◆吳郁婷

出版發行：臺灣商務印書館股份有限公司

台北市重慶南路一段三十七號

電話：(02)2371-3712

讀者服務專線：0800056196

郵撥：0000165-1

網路書店：www.cptw.com.tw

E-mail：ecptw@cptw.com.tw

網址：www.cptw.com.tw

局版北市業字第 993 號

初版一刷：2012 年 12 月

定價：新台幣 350 元

ISBN 978-957-05-2759-9

食福客品嘗記 / 楊本禮著. -- 初版. -- 臺北市
臺灣商務, 2012.11
面； 公分. --

ISBN 978-957-05-2759-9（平裝）

1.飲食風俗

538.7   101019418